POLYGLOTT

VENEDIG

ON TOUR

W0034796

DIE AUTORIN

GUDRUN RAETHER-KLÜNKER

Die Autorin studierte Politikwissenschaft und Germanistik
und ist heute als freie Autorin und Lektorin tätig.
Regelmäßig bereist sie Griechenland und Italien. Dabei ist
Venedig einer ihrer Favoriten: eine Stadt von Weltrang,
die aber auch mit stillen Ecken und kleinstädtisch-familärer
Atmosphäre zu überraschen weiß.

Unser E-Book-Code zur elektronischen Erweiterung des
POLYGLOTT on tour. Das kostenlose E-Book enthält die im
Reiseführer aufgeführten Adressen entlang der Touren,
beispielsweise zu Essen und Trinken, Shoppen, Aktivitäten
und Hotel-Tipps. Links auf einen externen Kartendienst
vereinfachen das Auffinden dieser Adressen.

WWW.POLYGLOTT.DE

SYMBOLE ALLGEMEIN

 Erstklassig: Besondere Tipps
   der Autoren

 Seitenblick: Spannende
   Anekdoten zum Reiseziel

⭐ Top-Highlights und
⭐ Highlights der Destination

TOUR-SYMBOLE		PREIS-SYMBOLE	
❶ Die POLYGLOTT-Touren		Hotel DZ	Restaurant
6 Stationen einer Tour	€	bis 60 EUR	bis 30 EUR
❶ Zwischenstopp Essen & Trinken	€€	60 bis 200 EUR	30 bis 40 EUR
📘 A1 Die Koordinate verweist auf die Platzierung in der Faltkarte	€€€	über 200 EUR	über 40 EUR
📘 a1 Platzierung Rückseite Faltkarte			

Ausflüge S. 140

Castello S. 113

Perfekte Planung > Parallel vordere Klappe aufschlagen

TOP 12 HIGHLIGHTS

ZEICHENERKLÄRUNG DER KARTEN

☐	beschriebenes Stadtviertel (Seite=Kapitelanfang)
🔟 Ⓔ ⓗ	Sehenswürdigkeiten
❿	Zwischenstopp Essen & Trinken
—④—	Tourenvorschlag
░░░░	Autobahn
┈┈┈	Schnellstraße
▦▦▦	Hauptstraße
───	sonstige Straßen
▭▭▭	Fußgängerzone
┅┅┅	Eisenbahn
─·─·─	Staatsgrenze
-----	Landesgrenze
═ ═ ═	Nationalparkgrenze

Eine Fahrt mit dem Vaporetto über den Canal
Grande kommt einem Crashkurs in venezianischer
Architekturgeschichte gleich

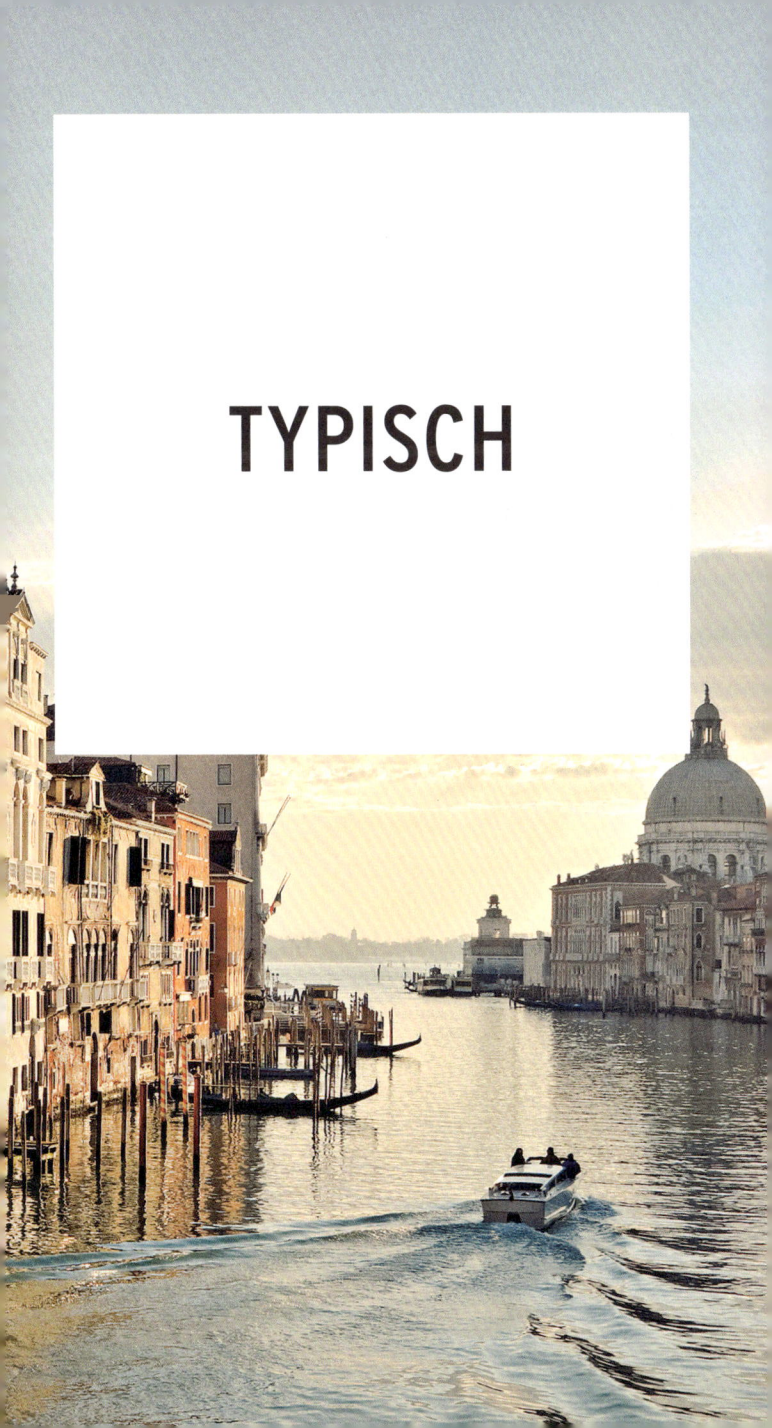

TYPISCH

VENEDIG IST EINE REISE WERT!

Einst mächtigster Stadtstaat der Welt, üben die steinernen Zeugnisse der Serenissima selbst im Verfall noch eine ungebrochene Anziehungskraft aus. Die ins Wasser gebaute Stadt ist zwar längst ein Mythos – und doch quicklebendig und irgendwie auch auf dem Weg in die Moderne.

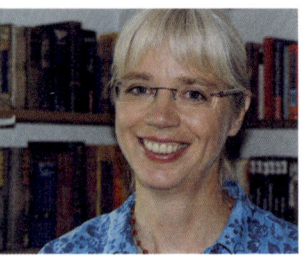

GUDRUN RAETHER-KLÜNKER

Die Autorin studierte Politikwissenschaft und Germanistik und ist heute als freie Autorin und Lektorin tätig. Regelmäßig bereist sie Griechenland und Italien. Dabei ist Venedig einer ihrer Favoriten: eine Stadt von Weltrang, die aber auch mit stillen Ecken und kleinstädtisch-familärer Atmosphäre zu überraschen weiß.

Venedig gleicht einem Fisch! Zumindest aus der Luft betrachtet. Und schöner könnte man sich dem Zentrum der einstigen Seerepublik auch gar nicht nähern als mit dem Flugzeug. Am besten wählt man einen Fensterplatz auf der rechten Seite. So hat man schon beim Landeanflug auf den Flughafen Marco Polo den unvergleichlichen Blick auf die Lagunenlandschaft. Und dann kommen sie immer näher: die markanten Kirchtürme der »Erlauchtesten«, der Canal Grande, der sich s-förmig durch die Stadt schlängelt, und die Motorboote, die – wieder mal viel zu schnell – durch die Lagune rasen und dabei weiße Gischt aufwirbeln.

Für einen Moment hat man dann wieder festen Boden unter den Füßen – nur um ihn so rasch wie möglich wieder zu verlassen. Denn Venedig gründet auf Millionen von Eichenpfählen, die Flüchtlinge vom Festland vor rund 1600 Jahren in den schlickigen Grund der Lagune rammten. Deswegen schwanken nicht nur die Pontons der Vaporetti (Wasserbusse) merklich, sondern auch etliche Palazzi am Canal Grande, was man zumindest in den oberen Etagen spürt. Noch sind wir allerdings nicht dort, sondern auf dem Flughafen, auf dem ein babylonisches Sprachengewirr herrscht und zahllose Gäste aus Europa und Übersee mit ihren Rollkoffern Richtung Ausgang strömen. Übrigens: Die stilvolle, aber mit 15 € (hin und zurück 27 €) nicht gerade günstige Alternative zur Busfahrt bietet die Schiffstour mit Alilaguna direkt vom Airport ins Herz der Stadt!

Endlich angekommen, heißt es erst einmal durchatmen, den Rhythmus der Stadt spüren, die mit keiner anderen Stadt der Welt vergleichbar ist und die es, wie der ehemalige Bürgermeister Massimo Cacciari formulierte, eigentlich gar nicht geben dürfte. Rund 170 Kanäle durchziehen Venedig, Hunderte von Brücken führen über die engen Wasserstraßen, durch die lautlos schwarze Gondeln gleiten – oder mit gellender Sirene ein Polizeiboot rast. Venedig erscheint wie eine Sinnestäuschung und ist doch ganz real – ein Gesamtkunstwerk und zugleich Lebensraum für knapp 55 000 Menschen, wenngleich ihre Zahl kontinuierlich sinkt.

Dreh- und Angelpunkt des Ganzen ist der Markusplatz, eindrucksvolle Bühne für eine stets wechselnde Show. Über die von Einheimischen abfällig Vu cumprà (von »vuoi comprare« – »willst Du kaufen?«) genannten Straßenhändler, die billige T-Shirts, bunte Masken und glibberige Gummitierchen anbieten, die sie geräuschvoll aufs Pflaster klatschen, sollte man großzügig hinwegsehen. Das unaufhörliche Klacken der Kameraauslöser und das Gurren der Tauben vermischen sich mit der Salonmusik der berühmten Kaffeehäuser, während Tourguides ihre bunten Schirme in die Lüfte recken, um die Gruppen im Gedränge zusammenzuhalten – und die lange Schlange vor der Basilica di San Marco sich Schritt für Schritt dem Portal nähert. Ganz normaler Alltag in Venedig!

Prunkvolle Palazzi, weltberühmte Brücken und Kirchen voller Kunstwerke – all das ist Venedig, doch es gibt auch noch eine andere Seite der Stadt, die nicht weniger fasziniert. Um sie kennenzulernen, muss man sich von den großen Plätzen und touristischen Hauptrouten entfernen, sich ver

Licht- und Wetterverhältnisse inszenieren den Markusplatz zu jeder Jahreszeit neu

Venedigs Bàcari, rustikale Weinbars, stehen für kleine Auszeiten vom Alltag

lieren im Gewirr enger Gassen und wohnzimmergroßer Campi, auf denen
Kinder spielen und die Einheimischen Stühle im Freien aufstellen. Sich Zeit
nehmen, um den morbiden Charme der bröckelnden Fassaden in sich aufzunehmen. Den Klängen der Musik folgen, die bisweilen in eine vielleicht
nicht ganz so bedeutende Kirche leiten. Eintauchen ins venezianische Alltagsleben, zu dem ein Stopp in einem der Kaffeehäuser zählt, wo es meist
laut und trubelig zugeht und wo man seinen Kaffee am besten im Stehen an
der Theke neben der lauten, zischenden Espressomaschine trinkt, weil es
die Venezianer auch tun, und weil es so preiswerter ist.

Und schließlich das Allerschönste: der Bummel entlang der Zattere, mit
Blick auf die Insel Giudecca, wo gurrende Tauben an den Brunnen ein erfri-
schendes Bad nehmen und sich bei »Nico« eine lange Schlange gebildet hat.
Kein Wunder: Das Eis ist ein Gedicht! Übrigens auch ein herrlicher Ort am
Abend: Im Sommer weht hier meist ein laues Lüftchen, und am anderen
Ufer erstrahlt Palladios Redentore-Kirche in blassem Grün. Doch alles nur
Sinnestäuschung? In der Enoteca Al Bottegon am Campo San Trovaso be-
gießen wir unsere Ankunft ganz real mit einem Glas Wein im Stehen, während draußen fast unwirklich eine Gondel unter der Brücke hindurchglei-
tet … Kann mich bitte mal jemand kneifen? Oder wie formulierte es der
amerikanische Autor Henry James doch gleich? »Es gibt zwei Arten von
Städten: alle anderen und Venedig«. Benvenuto a Venezia!

WAS STECKT DAHINTER?

Die kleinen Geheimnisse sind oftmals die spannendsten. Hier werden die Geschichten hinter den Kulissen erzählt.

WARUM BESITZT VENEDIG SO VIELE KIRCHEN?

Die zahlreichen Handelsgesellschaften, die Waren im gesamten Mittelmeerraum verschifften und rund um das Geschäftszentrum an der Rialtobrücke ansässig waren, verzichteten oftmals darauf, ihr Transportgut zu versichern, beteiligten aber Gott an ihren Geschäften. 5 % des Erlöses sollte der Weltenschöpfer am Jahresende erhalten, ausgezahlt wurde es stellvertretend an die Geistlichkeit. Und so wurden zahlreiche Gotteshäuser mit dem Geld aus dieser »himmlischen Versicherung« erbaut.

WARUM ENTSTAND GERADE IN VENEDIG DAS ERSTE GHETTO?

Isolation und Ausgrenzung erfuhren die Juden in Europa schon früh, doch in Venedig wurden sie erstmals in einen streng bewachten, abgetrennten Bereich zwangsumgesiedelt. Warum gerade hier? Zu Beginn des 16. Jhs. verlor Venedig seine Vormachtstellung und musste empfindliche militärische Niederlagen einstecken. Auf der Suche nach einem Sündenbock fiel der Blick der Machthaber auf die Juden, denen der Vorwurf des Brunnenvergiftens und Verursachens von Seuchen anhing. Sie der Stadt zu verweisen erschien allerdings nicht klug, zu wichtig waren die Juden als Bankiers, Künstler und Handwerker für Wirtschaft und Kultur Venedigs. Also isolierte man sie räumlich, nutzte ihre Wirtschaftsleistung aber weiterhin und bürdete ihnen zudem hohe Steuern und Abgaben auf.

WARUM HABEN BURANOS HÄUSER SO BUNTE FASSADEN?

Auf Burano gab es in der Vergangenheit nur vier Familiennamen. Für den Postboten war es daher ein schwieriges Unterfangen, Briefe richtig auszuliefern, immer wieder kam es zu Verwechslungen. Schließlich fingen die Bewohner, an ihre Häuser farbig anzumalen – das machte dem Zusteller die Unterscheidung leichter.

WARUM SIND ALLE GONDELN SCHWARZ?

Gondeln waren im 16. Jh. nicht nur Verkehrsmittel Nr. 1 – 10 000 der langgezogenen Boote verkehrten damals auf den Wasserstraßen der Stadt –, sondern auch ein wichtiges Statussymbol für Venedigs reiche Patrizier: Sie bemalten sie bunt, schmückten sie mit vergoldeten Schnitzereien, bezogen ihre Sitze mit kostbarem Samt und Brokat. 1562 wurde es dem Dogen Girolamo Privli zu viel: Um der ausufernden Prunksucht Einhalt zu gebieten, schrieb er als einheitliche Farbe für alle Gondeln Schwarz vor.

50 DINGE, DIE SIE ...

Hier wird entdeckt, probiert, gestaunt, Urlaubserinnerungen werden gesammelt und Fettnäpfe clever umgangen. Diese Tipps machen Lust auf mehr und lassen Sie die ganz typischen Seiten erleben. Viel Spaß dabei!

... ERLEBEN SOLLTEN

1 Geheimnisse der Staatsmacht
Itinerari Segreti genannte Touren führen durch die Hinterzimmer des Dogenpalasts › S. 82 und lassen u. a. die Leiden des eingekerkerten Casanova in den Bleikammern nachvollziehen (tgl. 9.55, 10.45 und 11.35 Uhr auf Englisch, ca. 75 Min., 20 €).

2 Neue Blickwinkel Profis verhelfen einem dazu, ultimative Venedig-Fotos zu schießen, und führen dabei auch zu Plätzen, die man ohne intime Kenner der Stadt gar nicht finden würde (Better Photo Walks, www. betterphotowalks.com, 2 Std. 190 €).

Masken nach eigenen Ideen selbst gestalten bei Workshops von Ca' Macana

3 Kochkurs im Palazzo TV-Köchin Maria Grazia Calò führt vor, wie man *sarde in saor* zubereitet oder einer Artischocke zu Leibe rückt – in einem denkmalgeschützten Palast in San Polo (1421/A 📘 D4, www.peccatidigola.info, ab 75 €).

4 Auge in Auge mit Kormoranen Venedig liegt inmitten einer amphibischen Wasserwelt, in der die Gezeiten den Rhythmus vorgeben. Bei zwei- oder vierstündigen geführten Kajaktouren erlebt man sie hautnah (www.venicekayak.com, 95 bzw. 125 €, Start auf der Isola della Certosa).

5 Versteckspiel für Erwachsene Die für den venezianischen Karneval typischen, geheimnisvollen Masken kann man bei Ca' Macana 📘 D4 in zweistündigen Workshops auch selbst kreieren. Rohlinge werden erst bemalt und dann mit Glitzersteinen, Federn etc. verziert (Dorsoduro 3172, www.camacana.com, ab 60 €).

6 Hindernislauf mit Brücken *Su e zo per i ponti* (»auf und ab über die Brücken«) nennt sich ein vergnüglicher Stadtlauf ohne Preise und Sieger › S. 57, der in der langen Version über 43, in der kurzen über 16 Brücken führt (12 bzw. 6 km). Anmeldung unter www.suezo.it.

Begegnungen mit großen Künstlern auf der Friedhofsinsel San Michele

7 **Lido on Bike** Auf dem Lungomare geht es am Meer entlang bis zum Strand von Alberoni, der Rückweg führt durchs Inselinnere, vorbei an Jugendstilvillen, herrlichen Gartenanlagen und stillen Kanälen. Radverleih und Tourenvorschläge bei Lidoonbike (Gran Viale 21/B, Lido, www.lidoonbike.it).

8 **Celebrity-Spotting mit Erfolgsgarantie** Bei einem Spaziergang über die zypressenbestandene Friedhofsinsel San Michele › S. 141 entdeckt man die Gräber berühmter Persönlichkeiten wie Ezra Pound, Joseph Brodsky oder Igor Strawinsky (Linien 4.1 und 4.2 ab Fondamente Nuove, Lageplan am Infopoint).

9 **Golfen zwischen Lagune und Adria** Auf dem Lido, bei Alberoni, liegt zwischen hohen Bäumen ein 18-Loch-Platz mit 72 Par, der zu den schönsten Italiens zählt. Auch Schnupperkurse bietet der älteste Golf-Course des Veneto (Circolo Golf Venezia, www.circologolfvenezia.it, Greenfee 18 Loch ab 80 €).

10 **Malen wie Canaletto** Mit an der Akademie ausgebildeten, technisch versierten Künstlern arbeitet man auf ruhigen Plätzen in Cannaregio in der Tradition der venezianischen *vedutisti* (Tel. 0340 544 52 27, www.paintingvenice.com, Privatlektion 2 Std. 100 €, zweitägiger Workshop 280 €, auch kombinierte Mal- und Sprachkurse).

... PROBIEREN SOLLTEN

⑪ Frühstück to go Bei der alteingesessenen Konditorei Rosa Salva › S. 120 decken sich die Venezianer auf dem Weg zur Arbeit mit *bussolai* und *baicoli* ein, mürben Biskuits, die man morgens in den Kaffee und abends in den Süßwein taucht.

⑫ Fingerfood auf Venezianisch In Bàcari wie der »Witwe« › S. 36 werden sie in reicher Auswahl angeboten: *cicchetti,* tapasartige Häppchen. Suchtpotenzial haben *sarde in saor,* sauer eingelegte Sardinen mit Rosinen und Pinienkernen.

⑬ Espresso für Kenner Nach traditionellem venezianischem Verfahren gerösteten, aromatischen Kaffee kann man bei Caffè del Doge 📖 D3 probieren und auch erwerben (San Polo 609, www.caffedeldoge.com).

⑭ Innereien in Gourmetklasse *Fegato alla veneziana,* Kalbsleber mit Zwiebeln in Weißweinsud, ist ein Klassiker der venezianischen Küche, der bei Altanella 📖 C6 am Giudecca-Kanal zu kulinarischer Hochform aufläuft (Giudecca 268).

⑮ Sommerlaune im Sektglas Der Bellini, ein dezent rosafarbener Cocktailklassiker aus Prosecco und Pfirsichmark, schmeckt vielen dort am besten, wo er 1938 erfunden wurde: in Harry's Bar › S. 83. Als Inspiration soll die Gewandfarbe eines Heiligen auf einem Bellini-Gemälde gedient haben.

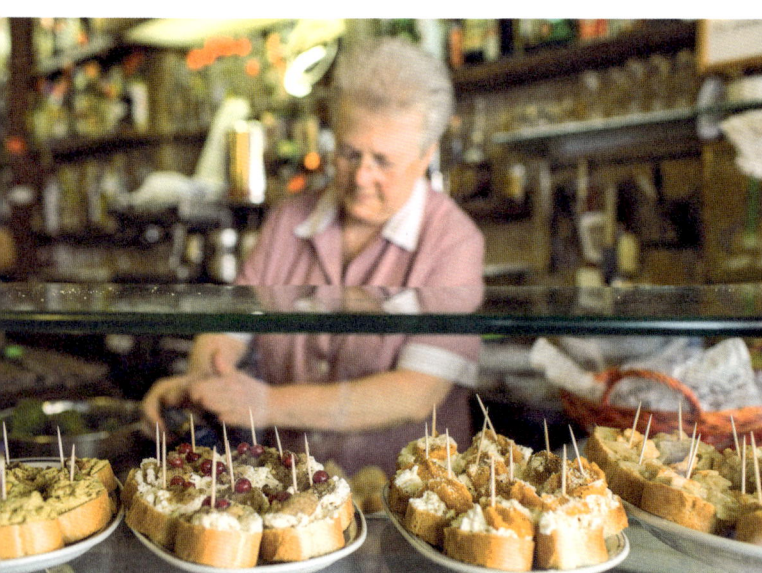

Für den kleinen Hunger zwischendurch sind cicchetti die ultimative Lösung

16 Kindertraum in Pastellfarben
Wäre die Eiscreme noch nicht erfunden, müsste sie genau so aussehen wie bei der Gelateria Millevoglie 📕 C4: wolkige Gebilde von perfekt cremiger Konsistenz in Pistaziengrün, Vanillegelb, Erdbeerrosa … Unwiderstehlich: Nociolosa (Salizada San Rocco).

17 Gemüse-Kostbarkeit Sehr selten und wegen ihres unverwechselbar feinen Aromas begehrt sind *castraure* von der Insel Sant'Erasmo, die zarten jungen Knospen der violetten Artischocke. Sie werden von April bis Juni an den Ständen der Erberia › S. 94 verkauft.

18 Wein aus der Lagune Auf der Insel Sant'Erasmo reift mit dem weißen »Orto di Venezia« der einzige Wein der Lagunenstadt. Kenner bescheinigen ihm eine feine Meeresnote (u. a. Enoteca Ai Stagneri 📕 E3, San Marco 5246, Calle de Stagneri).

19 Frittiertes Meeresallerlei Was die Fischer morgens anlanden, bekommt man als *fritto misto* in vielen Restaurants, bei Vecio Fritolin 📕 D3 auf Vorbestellung hin sogar als Takeaway (Santa Croce 2262, Calle della Regina, www.veciofritolin.it).

20 Süßes seit 1742 Bei Rizzardini 📕 D4, Venedigs ältester Pasticceria, kann man fast alles probieren, was die Stadt an *dolci* zu bieten hat. Köstlich sind *bignè*, luftig-leichte, mit zartgrüner Pistaziencreme gefüllte Windbeutel (San Polo 1415, Campiello dei Meloni, Di geschl.).

Castraure di Sant'Erasmo machen dem Spargel als »Königsgemüse« Konkurrenz

... BESTAUNEN SOLLTEN

21 Blaue Stunde auf dem Markusplatz Menschenleer und nur von einem verblassenden Mond beschienen, entfaltet die Piazza San Marco › S. 71 ihr ganzes Potenzial zur großen architektonischen Geste.

22 Innere Werte Im Inneren des Markusdoms funkelt die Pala d'Oro › S. 77, ein mit aberhunderten Juwelen und kostbaren byzantinischen Emailarbeiten verzierter Altaraufsatz, mit den großflächigen Goldmosaiken um die Wette.

23 Garten-Idyll Einer der schönsten Gärten Venedigs versteckt sich hinter dem Palazzo Soranzo Cappello 📕 C3. Einlass in dieses Kleinod mit seinen Obstwiesen und Kaiserstatuen erhält man zu den Bürozeiten der ansässigen Denkmalschutzbehörde (Santa Croce 770, Rio Marin).

24 **Münder der Wahrheit** Um Verschwörungen aufzudecken, beschäftigte Venedigs Rat der Zehn zahllose Spitzel und führte die *bocche della verità* ein, als Münder gestaltete steinerne Briefschlitze, die zu anonymen Anzeigen einluden. Man sieht sie noch heute an der Loggia des Dogenpalastes › S. 80 und an der Kirche Santa Maria della Visitazione › S. 133.

25 **Drehort mit Gruselfaktor** Meist ganz für sich allein hat man die stimmungsvolle Bettlerkirche San Nicolò dei Mendicoli ▮ A5 ganz im Westen Dorsoduros. Im Okkult-Thriller »Wenn die Gondeln Trauer tragen« war Donald Sutherland hier als Restaurator tätig (Dorsoduro 1907, Campo San Nicolò).

Die »Münder der Wahrheit« dienten als Briefkästen für Denunziationen

26 **Renaissance-Tauchanzug** Um 1500 entwarf Leonardo für die Seerepublik einen Tauchanzug samt Atemgerät und Bohrvorrichtung, um die vor der Stadt liegende osmanische Flotte bekämpfen zu können. Das Modell im Museo Leonardo da Vinci ▮ C4 mutet erstaunlich modern an (Campo San Rocco 3052, San Polo, tgl. 10–17.30 Uhr, 8 €).

27 **Bunt, bunter, Burano** Gelb, blau, grün, ocker, pink oder rosa – malerisch spiegeln sich die knallbunten Fassaden der Fischerhäuschen auf Burano › S. 144 im seichten Wasser der Kanäle und strahlen selbst bei grauem Wetter.

28 **Tintoretto in Tennisplatz-Format** Mehrere Hundert Figuren tummeln sich auf Tintorettos monumentalem Wandbild »Paradies«, das die gesamte Rückfront des Großen Ratssaals im Dogenpalast › S. 82 einnimmt. Mit 22 × 7 m ist es das größte Ölgemälde der Welt.

29 **Venice underground** Gondolieri fahren einen auf Wunsch durch den einzigen unterirdischen Kanal Venedigs, den Rio del Santissimo. Er führt unter dem Chor der Kirche Santo Stefano › S. 86 hindurch, die dennoch schon seit 1325 steht.

30 **Lagunenzauber** Der Blick vom Campanile der Basilika Santa Maria Assunta auf Torcello › S. 146 über die Lagunenlandschaft raubt besonders am späten Nachmittag den Atem, wenn die Farben wärmer und die Konturen klarer werden.

Die bunten Fassaden der Häuser auf Burano waren ursprünglich eine Orientierungshilfe

... MIT NACH HAUSE NEHMEN SOLLTEN

31 **Venedigs Flotte** Von der Gondel bis zum Wassertaxi – der Bootshistoriker Gilberto Penzo › S. 39 fertigt in seiner Werkstatt Modelle aller venezianischen Schiffs- und Bootstypen. Einige davon gibt es auch als Bausatz zum Selbstzusammenstecken (ab 40 €).

32 **Stoffe, aus denen die Träume sind** Nach historischen Mustern handgewebte Stoffe des Traditionshauses Bevilacqua 📖 D5, erhältlich als Meterware oder zu Kissen und Tischdecken vernäht, verleihen dem eigenen Zuhause einen Hauch Palazzo-Herrlichkeit (San Marco 2520, www.bevilacquatessuti.com).

33 **Sommerhitze für kalte Tage** Die Schwüle der Lagune ist legendär. Papierfächer, die im Sommer an jeder Straßenecke verkauft werden, verschaffen Kühlung und beschwören im nasskalten deutschen Winter die Hitze venezianischer Sommernächte herauf (ab 3 €).

34 **Preziosen aus Papier** Nirgendwo kommen Venedig-Fotos besser zur Geltung als in einem Fotoalbum aus edlem marmoriertem Papier, das traditionell arbeitende Buchbinder wie Il Prato › S. 85 herstellen.

35 **Gondoliere-Puschen** *Furlane*, weiche Slipper aus Leinen oder Samt mit rutschfesten Gummisohlen, wie sie die Gondolieri früher bei der Arbeit trugen, bekommt

Schon zu Hause online bestellte Touristentickets fürs Vaporetto sparen viel Zeit und Geld

man bei Piedàterre 📕 D3 in vielen Formen und Farben (San Polo 60, www.piedaterre-venice.com, ab 39 €).

36 Muranoglas light Venedigs gotisches Architekturerbe spiegeln die filigranen Halsketten und Armbänder wider, die die Brüder Attombri 📕 C4 aus alten Muronaglasperlen und Silberdraht fertigen (San Polo 65, www.attombri.com).

37 Meeresaroma Lust, einige venezianische Spezialitäten am heimischen Herd nachzukochen? Bei Pantagruelica 📕 C4 gibt es die nötigen Zutaten, etwa mit Sepiatinte gefärbte *spaghetti neri* – die meisten auch in Bio-Qualität (Dorsoduro 2844, Campo San Barnaba).

38 Stadtansichten in Schwarz-Weiß Die bei La Salizada 📕 C4 ausgestellten Fotos aus dem Venedig des 19. Jhs., allesamt Reproduktionen, sind zeitgeschichtliche Dokumente und kleine Kunstwerke zugleich (San Marco 3448, www.lasalizada.it).

39 Venedig im Flakon Den Duft blühenden Jasmins und andere typische Venedig-Gerüche fängt »The Merchant of Venice« 📕 D4 ein, eine Parfümserie mit stilvollem Flagshipstore in den Räumen einer ehemaligen Apotheke (San Marco 1895, www.themerchantofvenice.it).

40 Nächtliche Impressionen Ein laues Lüftchen weht, jenseits des Giudecca-Kanals liegt einem das nächtlich erleuchtete Venedig zu Füßen – die Rooftopbar des Hilton Molino Stucky ▮ B5 ist der ideale Ort, um abends einen Drink zu nehmen und stimmungsvolle Fotos zu schießen (Giudecca 810, www.skyline barvenice.it, tgl. 17–1 Uhr).

... BLEIBEN LASSEN SOLLTEN

41 **Tauben füttern** »Vogelfreies Venedig« lautet die Devise – bis zu 200 € muss berappen, wer auf dem Markusplatz Tauben füttert.

42 **Kirchenbesuch in Shorts** Auf adäquate Kleidung wird in Venedig viel Wert gelegt, besonders beim Kirchenbesuch. Schultern und Knie sollten bedeckt sein, sonst wird der Einlass womöglich verwehrt.

43 **San Marco zur Mittagszeit** Um langes Schlangestehen vor dem Markusdom zu vermeiden, bringt man sich am besten 30 Min. vor Einlass (ca. 9.15 Uhr) bzw. vor Schließung (ca. 16.30 Uhr) in Stellung.

44 **Gefälschte Markenprodukte kaufen** Wer bei einem der fliegenden Händler gefälschte Markenwaren zum Schnäppchenpreis erwirbt, macht sich in Italien auch als Käufer vor dem Gesetz schuldig. Die Geldbuße kann sich im schlimmsten Fall auf 10 000 € belaufen!

45 **Einzeltickets fürs Vaporetto** Vaporetto-Einzelfahrscheine sind mit 7,50 € sehr teuer. Es lohnt sich

auf jeden Fall, gleich zu Beginn des Aufenthalts eine vergünstigte Zeitkarte (für verschiedene Zeitspannen) zu kaufen > S. 27, 153.

46 **Picknick auf der Piazza San Marco** Zivile Benimm-Polizisten in orangefarbenen Westen rufen jeden zur Ordnung, der auf dem Markusplatz einen Schluck trinkt oder sein Panino verspeist (200 € Strafe). Als offizieller Rastplatz sind die nahen Giardini Ex-Reali ausgewiesen.

47 **Sonnenbrille vergessen** Getönte Gläser sind in Venedig noch unverzichtbarer als anderswo: Die weißen Marmorfassaden blenden im Sonnenlicht derart, dass mit einer spezifischen Form von Schneeblindheit zu rechnen ist.

48 **Ohne Stadtplan unterwegs** Reizvoll ist es zweifellos, sich im Labyrinth der Gassen einfach treiben zu lassen. Ohne Karte verläuft man sich aber garantiert!

49 **Freie Platzwahl** *Bella figura,* einen guten Eindruck, machen Sie, wenn Sie im Lokal nicht einfach den erstbesten freien Tisch stürmen, sondern warten, bis der Kellner Ihnen einen Platz zuweist.

50 **Restaurant-Schleppern folgen** In manchen Gegenden Venedigs lassen frenetisch winkende Kellner den Stadtbummel zu einem Spießrutenlauf geraten. Bleiben Sie hartnäckig – positive Überraschungen sind in derartigen Lokalen eher selten zu erwarten.

Viele der frischen Produkte auf Venedigs Märkten stammen von der Gemüseinsel Sant'Erasmo in der nördlichen Lagune

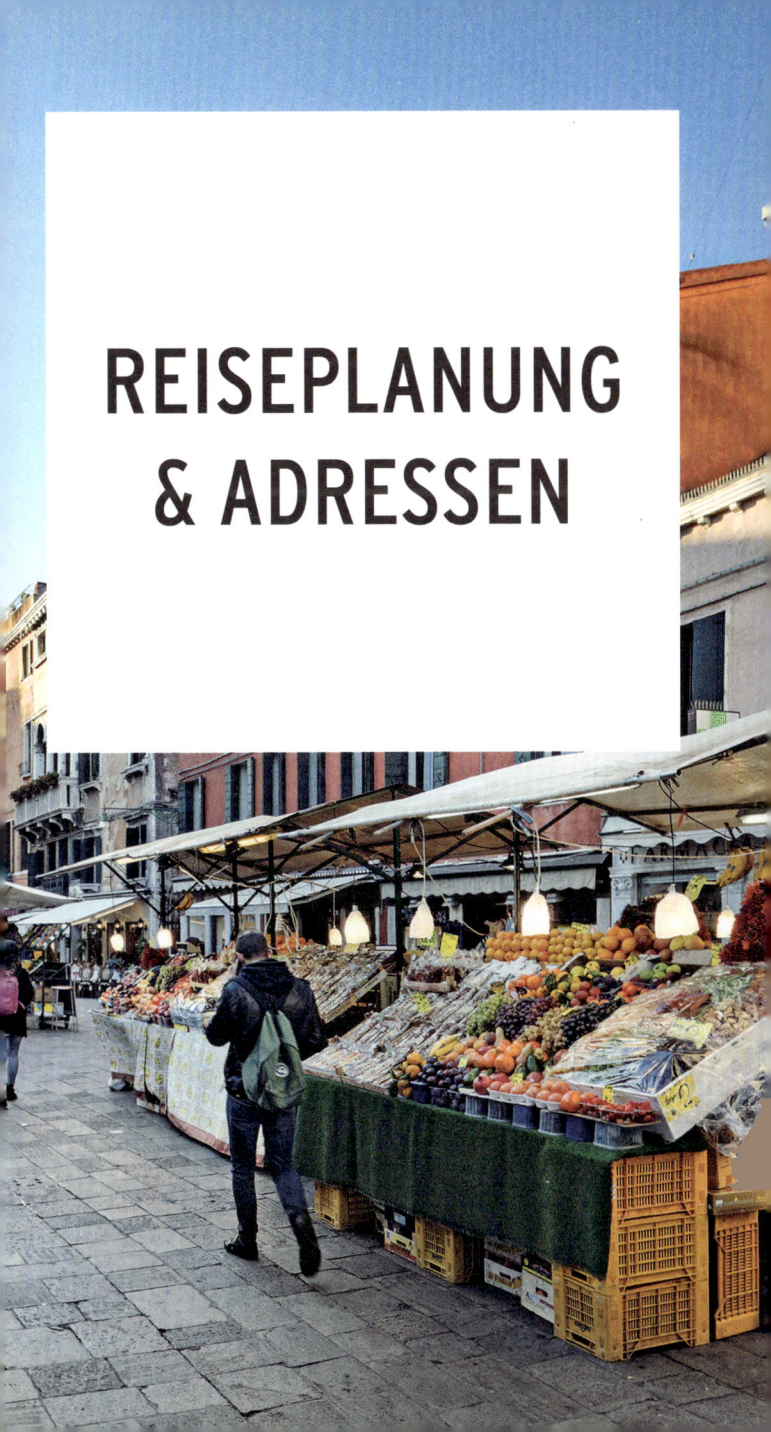

REISEPLANUNG
& ADRESSEN

DIE STADTVIERTEL IM ÜBERBLICK

Weltwunder Venedig: Keine andere Stadt der Erde hat über Jahrhunderte eine Architektur ausgebildet, die buchstäblich ins Wasser gebaut ist. Zwischen 20 und 30 Mio. Besucher strömen Jahr für Jahr in die romantische Lagunenstadt, die von oben betrachtet die Form eines Fisches hat.

Venedig ist spätestens seit Mitte des 12. Jhs. in sechs Stadtbezirke gegliedert, die sogenannten *sestieri* (Stadtsechstel): San Marco, San Polo, Santa Croce, Cannaregio, Castello und Dorsoduro mit den Inseln Giudecca und San Giorgio Maggiore. Jeder Stadtteil trägt seine unverkennbar eigenen Züge und besitzt eine ganz unverwechselbare Atmosphäre.

San Marco, das einstige Wirtschafts- und Machtzentrum der Serenissima, ist zugleich die Bühne und das Herz der Stadt. Hier befinden sich mit dem Markusdom, dem Dogenpalast und der Seufzerbrücke einige der wichtigsten Sehenswürdigkeiten sowie die exklusivste Einkaufsmeile der Stadt.

Santa Croce und **San Polo** liegen im Inneren der Kanalschleife und gehen nahtlos ineinander über. Die Rialtobrücke, der bunte, quirlige Markt, die Kirche Santa Maria Gloriosa dei Frari und die Scuola Grande di San Rocco bilden Hauptanziehungspunkte für Besucher.

Cannaregio, das ruhige Wohnviertel nördlich des Canal Grande mit seinen ungewöhnlich breiten Uferstraßen war einst Sitz zahlreicher Seidenweber. Hier entstand das jüdische Ghetto. Sehr beschaulich am Tage, bietet Cannaregio am Abend eine interessante Kneipen- und Musikszene.

Castello ist das größte Stadtviertel Venedigs und liegt östlich von San Marco, quasi im Schwanz des Fisches. Geprägt ist es vom Arsenale, der ehemals bedeutenden Werft, die heute militärische Sperrzone ist. Arbeiter und Fischer haben hier ihre bescheidenen Häuser, während die Riva degli Schia-

---

📣 ORIENTIERUNG IN DEN SESTIERI

Es ist ein echtes Kunststück, sich im Gewirr der Gassen Venedigs zurechtzufinden. Wer sich verfranst hat, sollte es gelassen nehmen, sich einfach treiben lassen oder auf die Markierungen an den Hauswänden achten, die entweder nach San Marco, Rialto, zum Bahnhof (F), zum Piazzale Roma, auf den nächsten Campo oder zur nächstgelegenen Vaporetto- oder Traghetto-Station leiten. Von dort kann man sich dann wieder neu orientieren.

Venezianische Adressen bestehen aus dem Sestiere und einer Hausnummer. Diese Hausnummern sind im jeweiligen Stadtviertel fortlaufend verteilt, für Fremde ein nicht zu entschlüsselndes System, das auf die napoleonische Zeit zurückgeht. Insgesamt 29 254 Hausnummern soll es in Venedig geben.

Das Viertel Castello gewährt ungeschönte Einblicke in den venezianischen Alltag

voni, die breite Promenade am San-Marco-Becken, von prächtigen Palazzi gesäumt ist. Im Osten liegen die Gärten der Biennale.

Dorsoduro, der »harte Rücken«, benannt nach dem Felsgestein, auf dem es erbaut wurde, erstreckt sich zwischen Canal Grande und Canale della Giudecca. Hier bestimmen die Venezianer das Straßenbild. Heute liegen hier wichtige Kunstpaläste: die Collezione Peggy Guggenheim, die Gallerie dell'Accademia und die Punta della Dogana. Exponiert erhebt sich Santa Maria della Salute. Zu Dorsoduro gehören auch die Inseln La Giudecca und San Giorgio Maggiore.

Die 518 km² große Lagune umfasst eine Reihe weiterer Inseln, die einen Besuch lohnen. Dazu gehören u. a. die Friedhofsinsel **San Michele, Murano,** berühmt für seine Glasbläserkunst, **Burano,** wo traditionell Spitzen hergestellt werden, und das beschauliche **Torcello.** Nicht zuletzt wegen der jährlichen Filmfestspiele berühmt ist der **Lido,** der sich als schmaler Sandstreifen vor Venedig erstreckt.

AUF BRUNETTIS SPUREN

Geheimnisvoll, labyrinthisch: Venedig ist ein prädestinierter Schauplatz für Verbrechen. Guido Brunetti, der liebenswerte Commissario in Donna Leons Venedig-Krimis, entführt den Leser in die stillen Ecken der Stadt, ins Teatro La Fenice, ins Arsenale, auf seine Terrasse mit Traumblick über den Canal Grande und natürlich ins Bàcaro …

Zwar weiß man in Venedig selbst quasi nichts von ihm, denn die Bücher sind auf Wunsch der Autorin, die selbst in der Lagunenstadt lebt, nie auf Italienisch erschienen. Doch in Deutschland gibt es eine große Donna-Leon-Fangemeinde. Viele Venedig-Besucher möchten die von Brunetti frequentierten Orte aufsuchen – leichter gesagt als getan. Die Schauplätze im Buch sind nicht identisch mit denen im Film, und In-

nen- und Außenaufnahmen einer Location passen nicht unbedingt zusammen. Da ist Spürsinn gefragt!

SPURENSUCHE

Krimifans, die sich vorab im Internet unter www.brunettistadtplan.de informieren, werden es etwas leichter haben. **Dr. Susanne Kunz-Saponaro,** Kunsthistorikerin und offizielle Fremdenführerin Venedigs, bietet eine zweistündige private Brunetti-Führung an, bei der man auch viel über die Stadtgeschichte erfährt (www.stadtfuehrungen-venedig.de).

Zwei Bücher zur individuellen Spurensuche sind **Mit Brunetti durch Venedig** von Toni Sepeda (Diogenes, 2012) sowie **Auf den Spuren von Commissario Brunetti** von Elisabeth Hoffmann und Karl-L. Heinrich (Harms, 2012).

Das Casino von Venedig spielt im Brunetti-Krimi »Schöner Schein« eine Hauptrolle

KLIMA & REISEZEIT

Sonniges Badewetter in den Sommermonaten, Acqua Alta und Nebel im Winter, milchiges Frühjahrs- und Herbstlicht – Venedig hat das ganze Jahr über Saison.

Im Winter wird der Gefrierpunkt fast nie erreicht, dafür ist es im Sommer mitunter sehr heiß und schwül. Die ruhigste Reisezeit sind die Monate von November bis zum Karneval, allerdings kann es dann auch unangenehm nass-kalt werden. Im Karneval platzt die Stadt förmlich aus den Nähten, sämtliche Zimmer sind lange im Voraus ausgebucht. Auch zu anderen Festlichkeiten herrscht in Venedig viel Gedränge: zur bildgewaltigen Vogalonga im Mai, zur Festa della Sensa am ersten Sonntag nach Himmelfahrt, oder zu *ferragosto*, Mariä Himmelfahrt › S. 59. Alle zwei Jahre (2019, 2021, 2023) wird Venedig von Mai bis November zur Kulisse für die Kunst-Biennale › S. 124. Auf dem Lido beginnen Ende August/Anfang September die Internationalen Filmfestspiele, dann sind viele Stars und Sternchen zu Gast in der Lagunenstadt.

ANREISE

MIT DEM FLUGZEUG

Vom **Flughafen Marco Polo** (www.veniceairport.it) in Tessera bei Mestre bestehen Verbindungen zu den wichtigsten Städten in Deutschland, Österreich und der Schweiz. Der Flughafen liegt etwa 11 km vom Stadtzentrum entfernt. Anbindung an Venedig: mit den Actv-Bussen der Linie 5 (Aero-Bus) oder dem ATVO-Expressbus in etwa 25 Min. zum Piazzale Roma (Fahrschein vorher lösen, 8 €, hin und zurück 15 €, günstiger wird es, wenn man einen Venezia Unica City Pass kauft › S. 153), übers Wasser mit Alilaguna im Stunden- bzw. 30-Min.-Takt via Lido nach San Marco (90 Min., 15 €, ermäßigte Online-Tickets und Informationen unter www.alilaguna.it und www.venicelink.com) oder per Sammel-Wassertaxi (2 × stdl., 30 €); Alternative: privater Wassertaxi-Service (rund um die Uhr, ca. 110 € > S. 27).

Der **Flughafen Treviso** (www.trevisoairport.it) liegt ca. 30 km von Venedig entfernt auf einem ehemaligen Militärflugplatz und wird von Low-Budget-Carriern wie Ryanair angeflogen. Vom Flughafen nach Venedig gelangt man mit dem ATVO-Bus (Piazzale Roma, 70 Min., 12 €, hin und zurück 22 €, Onlinebuchung möglich) oder mit Barzi bis Tronchetto (40 Min., 12 €), von dort verkehrt eine Kabinenbahn (People Mover) zum Piazzale Roma.

MIT DEM AUTO

Der schnellste Weg via Bayern bzw. Tirol führt über die Brennerautobahn A 22, die bei Verona auf die A 4 Mailand–Venedig trifft, oder über die Tauernautobahn von der Kärntner Grenze bei Tarvisio auf der A 23 über Udine, die bei Palmanova auf die A 4 Triest–Venedig stößt. Für die österreichischen Autobahnen benötigt man eine Vignette, die Autobahnmaut in Italien kann man auch bargeldlos bezahlen: per **VIAcard**, die es an der Grenze, an Raststätten und bei den Automobilclubs gibt, oder sogar ohne Anhalten an der Mautstation per **Telepass** (Infos unter www.tolltickets.com).

Im Falle eines Unfalls muss die Grüne Versicherungskarte vorgelegt werden. Ferner ist eine Warnweste zwingend vorgeschrieben (griffbereit). Tempolimits: Autobahn 130 km/h (bei Nässe 110 km/h), Schnellstraße 110 km/h (bei Nässe 90 km/h), Landstraße 90 km/h, innerorts 50 km/h. Auf Fernstraßen muss auch tagsüber mit Abblendlicht gefahren werden.

Den **italienischen Automobilclub ACI** erreicht man rund um die Uhr unter Tel. 80 31 16 oder 800 00 01 16 bzw. www.aci.it.

Parken ist in den Parkhäusern Piazzale Roma (30 €/24 Std.) und Autorimessa Comunale (26–35 €/24 Std.) sowie am Parkplatz Tronchetto (21 €/24 Std.) möglich; Buchung: www.garagesanmarco.it, www.veniceparking.it. Vom Tronchetto verkehren Vaporetti zum Zentrum, die Autofähre 17 steuert den Lido an, eine Kabinenbahn (People Mover) bringt Gäste in 4 Min. zum Piazzale Roma (1,50 €). Weitere Parkplätze auf dem Festland sind Fusina und San Giuliano (Mestre; Juni–Sept.). Der Bus verbindet Mestre mit dem Piazzale Roma, von Fusina Schiffsverbindung zum Anleger Zattere. Besonders günstig: Parkplatz Alipark (5 €/Tag, 70 €/Woche, www.alipark.it).

MIT DER BAHN

Der Zug fährt über Mestre, dann über den rund 4 km langen Ponte della Libertà, der das Festland mit Venedig verbindet, in die Lagunenstadt zum Bahnhof Santa Lucia, direkt am Canal Grande. Von hier aus geht es zu Fuß oder per Vaporetto (Station Ferrovia) weiter. Die Linien 1, 2 und N verkehren von Santa Lucia zum Markusplatz. Venedig ist über das internationale Fernzügenetz mit Deutschland, Österreich und der Schweiz verbunden.

VERKEHR IN DER LAGUNE

VAPORETTO

Am Autoparkplatz Piazzale Roma legen die drei wichtigsten *vaporetti*, die Linienboote der städtischen Verkehrsbetriebe, an. An den Schalterhäuschen löst man Fahrscheine (Einzelfahrt mit Umsteigemöglichkeit 7,50 €, außerdem Actv-Touristentickets für verschiedene Zeitspannen, vom 24-Std.-Ticket zu 20 € bis zum 7-Tage-Ticket zu 60 € › S. 153). Ein Stück Handgepäck ist im Preis enthalten, weitere Koffer kosten extra. › mehr S. 19 Punkt ㊺

Die Vaporetti fahren von 5 Uhr früh bis ca. 23 Uhr im 10- bis 20-Minuten-Takt, auf den Hauptwasserstraßen die ganze Nacht hindurch. Fahrpläne findet man auch an den Anlegestellen. Im Winter verkehren andere Linien als im Sommer. Weitere Infos: www.actv.it, www.veneziaunica.it.

Für eine Stadtrundfahrt eignen sich die Ringlinien 4.1/4.2 und 5.1/5.2, die das historische Zentrum umrunden. Für eine Sightseeingtour auf dem Canal Grande empfiehlt sich die Linie 1, die alle Haltestellen ansteuert und vom Piazzale Roma bis zum Lido fährt. Linie 2 legt am Tronchetto ab und fährt den Canal Grande entlang bis San Zaccaria, hält jedoch nicht an allen Anlegestellen.

Die Linien 3, 12, 13, 4.1, 4.2 und N fahren nach Murano, 4.1 und 4.2 machen auch Halt auf San Michele, 12 und N fahren weiter nach Burano. Nach Sant'Erasmo kommt man mit den Linien 13 und N, nach Torcello mit 9, 12 und N.

WASSERTAXI

Wassertaxis *(motoscafi)* sind recht teuer, dürfen aber auch für Vaporetti gesperrte Wasserstraßen befahren. Die Fahrt vom Piazzale Roma bis San Marco kostet z. B. 70–80 €. Nähere Infos unter Tel. 04 12 40 67 11, www.motoscafivenezia.it.

Achtung: Hüten Sie sich vor privaten Wassertaxibetreibern ohne Lizenz, die völlig überhöhte Preise verlangen. Lizenzierte *motoscafi* erkennt man an gelben, z. T. auch grünen oder roten, am Boot gut sichtbar angebrachten Schildern.

Unter Venedigs Brücken wird es für den Bootsverkehr bisweilen eng

»WIR HABEN DEN KANAL VOLL«

Nicht nur der UNESCO sind die Kreuzfahrtkolosse in Venedigs Lagune ein Dorn im Auge

Tommaso Cacciari kennt in Venedig jeden Stein, und jeder in Venedig kennt Tommaso. Der junge Unternehmer hat sich einer beispiellosen Mission verschrieben: die Lagunenstadt vor dem Untergang zu retten. Denn so idyllisch sich Venedig mit seinen prachtvollen Baudenkmälern und Kanälen auch präsentiert: Nimmt man ihn beim Wort, »ist die Stadt todkrank«. Treffpunkt Zattere, Venedigs beliebte Flaniermeile: Tommaso trägt Flipflops, Shorts und Sonnenbrille. Im Laufe der Zeit hat er einen messerscharfen Blick für den Patienten entwickelt. Zielgerichtet hebt er einen Stein auf und zeigt, dass die Fundamente darunter nicht mehr existieren. »Die Stadt wird regelrecht unterspült. Schuld daran sind die Monster!« Gemeint sind die riesigen Kreuzfahrtschiffe.

Mehr als 500 im Jahr werden durch das enge San-Marco-Becken geschleppt, zu Spitzenzeiten neun am Tag. Was das bewirkt? Zum einen eine enorme Wasserverdrängung, die mit dem anschließenden Sog die Fundamente unterspült. Hinzu kommen giftige Abgase.

Was Tommaso anprangert, bestätigen Umweltschutzorganisationen wie der NABU: Durch den ungefilterten Ausstoß von Schwefeldioxid ist Venedig zu einer der schmutzigsten Städte Europas geworden. Messungen haben ergeben, dass die Abgasbelastung in der Lagunenstadt ständig so hoch ist wie in deutschen Großstädten zu Hauptverkehrszeiten, mit allen denkbaren Konsequenzen für die Gesundheit und die Bausubstanz des UNESCO-Weltkulturerbes. Längst schon hat die

UNESCO damit gedroht, der einzigartigen Stadt diesen Titel zu entziehen. Der Umweltaktivist Tommaso Cacciari hat deshalb vor Jahren die Bürgerinitiative »No Grande Navi« (»Keine Ozeanriesen«) gegründet, und er weiß die Bevölkerung – und auch viele Touristen – an seiner Seite, die nicht länger gewillt ist, die negativen Auswüchse des Massentourismus einfach so hinzunehmen. Mit spektakulären Aktionen stellen sich die Umweltschützer seit Jahren den »schwimmenden Kraftwerken« und dem Ausverkauf ihrer Stadt entgegen – und haben zumindest Etappensiege errungen: Ab 2019 sollen die ganz großen Pötte die Lagune nicht mehr durchqueren dürfen. Ein Anfang, immerhin!

Doch das ist nicht das Einzige, womit Venedig zu kämpfen hat: Auf die rund 55 000 Einwohner der Stadt kommen rund 30 Mio. Touristen im Jahr. Und die wollen untergebracht sein. Häuser, Paläste, ja ganze Inseln werden zu Hotels umfunktioniert und privater Wohnraum lieber an Touristen als an Einheimische vermietet, das ist schlichtweg lukrativer. Die Konsequenz: Tausende Venezianer sind auf der Suche nach bezahlbaren Wohnungen, vergeblich. Viele von ihnen kehren deshalb der Stadt zähneknirschend den Rücken – im Schnitt verlassen zwei Venezianer pro Tag ihre Heimatstadt. Damit einher geht der Zusammenbruch der Infrastruktur. Postfilialen, kleine Lebensmittelläden und andere Geschäfte schließen, es gibt immer weniger Ärzte etc. Die Einheimischen, so das bittere Fazit, werden von den Touristen verdrängt, Venedig droht zur Kulisse zu werden. Und dann sind da auch noch die Besucher, die »der Erlauchtesten« keinen Respekt mehr zollen: auf dem Markusplatz picknicken, Rugby spielen oder – noch schlimmer – an öffentlichen Plätzen Sex haben. Seit einiger Zeit sorgt die Kampagne »Enjoy & Respect Venezia« dafür, dass derartige Auswüchse unterbleiben und die Stadt für ihre Bewohner nicht zunehmend unbewohnbar wird.

Am Ponte della Paglia, der Brücke, von der aus man die weltberühmte Seufzerbrücke sieht, hat sich ein tiefer Riss gebildet, auch hier sackt das Fundament weg. Um die Risse zu kitten, die sich zwischen den Einheimischen und den Touristen gebildet haben, ist jeder Besucher auf seine Weise aufgefordert, dafür Sorge zu tragen, dass das bedrohte Juwel erhalten bleibt. Rund 1500 Jahre ist das den Venezianern gelungen, nun liegt es an uns …

WAS JEDER EINZELNE TUN KANN

- Die unter **Enjoy Respect Venezia** formulierten Gebote der Stadt studieren und befolgen (www.comune.venezia.it/de/content/enjoyrespectvenezia).
- Statt einer Privatwohnung lieber ein alteingesessenes, familiengeführtes **Hotel buchen.**
- Die Initiative **No Grande Navi** unterstützen, z. B. durch Unterschrift an einem der Infostände (www.nograndinavi.it).

Gondeln durften lange nur von Männern gesteuert werden – das ist nun Vergangenheit

TRAGHETTO

Ganze vier Brücken überspannen den Canal Grande: der Ponte degli Scalzi, die Rialtobrücke, die Accademia-Brücke und der 2008 eröffnete Ponte della Costituzione vom Bahnhof zum Piazzale Roma. Folglich sind Gondelfähren notwendig, die an verschiedenen Stellen Passagiere über den Canal Grande setzen (z. B. bei San Tomà, Rialto oder an der Punta della Dogana; 2 €). Man erkennt sie an den grün-goldenen Schildern. Die Traghetti verkehren unregelmäßig, manche stellen den Betrieb am Sonntag ein › S. 135.

GONDEL

Sie sind das Sinnbild und das schwimmende Wahrzeichen der Stadt, und wer es sich finanziell erlauben kann, sollte auch eine Gondelfahrt unternehmen – lautlos durch die Kanäle gleiten, allenfalls begleitet vom Gesang des Gondoliere. Die Tarife sind in der Regel an den Gondelstationen angeschlagen. Eine 30- bis 40-minütige Gondelfahrt kostet rund 80 € für eine Kleingruppe bis max. 6 Pers. bzw. 20–30 € pro Pers., nachts wird es teurer (100 €) › S. 134.

UNTERKUNFT

Die rund 20 000 Betten in Venedig sind vor allem im Sommer, zu Silvester, Karneval, Ostern und Pfingsten rasch ausgebucht, frühzeitige Reservierung wird dringend empfohlen.

In der Lagunenstadt zu übernachten hat seinen Preis – und ist mit der 2011 eingeführten Tourismussteuer noch teurer geworden › S. 46. Angesichts der bisweilen maroden Bausubstanz muss man hinsichtlich Komfort und Standard mitunter Abstriche machen. Die Hotelpreise sind je nach Auslastung, Lage des Zimmers und Jahreszeit äußerst variabel. In den mittleren und unteren Hotelkategorien sind die Zimmerpreise bisweilen verhandelbar. **Hotelverzeichnisse** erhält man gratis in den Touristeninformationen > S. 152; es gibt auch Listen mit alternativen Unterkünften wie Jugendherbergen, Gästehäuser oder Campingplätze. Viele Besucher nutzen auch das Bed-&-Breakfast-Angebot, das jedoch nicht zwingend günstiger ist.

Über diverse Internetseiten kann und sollte man sich vorab das passende Quartier suchen, z. B. bei www.venere.com, www.venedig.com oder www.in-venice.com. Günstigere, aber letzthin auch in die Kritik geratene Alternativen sind Apartments (mit Küchenzeile), zu finden z. B. unter www.venice rentapartments.com > dazu auch S. 28.

Wer viel **Gepäck** dabeihat, sollte darauf achten, dass die Unterkunft nicht zu abgelegen ist, oder einen Gepäckträger engagieren (ca. 18 €).

STILVOLLE HOTELS

Cavalletto & Doge Orseolo €€€ 📙 D4
Traditionsreicher Palazzo am Gondelhafen Orseolo. Schon Richard Strauß und Winston Churchill nahmen hier Quartier.
• San Marco 1107
  Tel. 04 15 20 09 55
  www.hotelcavallettovenice.com

La Fenice et des Artistes €€€ 📙 D4
Von Künstlern bevorzugte Adresse gleich neben dem Theater La Fenice, mit renommiertem Restaurant.
• San Marco 1936
  Tel. 04 15 23 23 33
  www.fenicehotels.com

MITTELKLASSEHOTELS

Agli Alboretti €€–€€€ 📙 C5
Nettes kleines, familiengeführtes Hotel mit schattigem Garten und gutem Restaurant, gleich hinter der Accademia.
• Dorsoduro 884 | Accademia
  Tel. 04 15 23 00 58
  www.aglialboretti.com

Palazzo Stern €€–€€€ 📙 C4
Der hinreißend schöne Palast am Canal Grande ist heute eine der besten Adressen der Stadt. Allein die Außenterrasse mit Blick auf Venedigs Wasserstraße lohnt den Aufenthalt.
• Dorsoduro 2792 | Calle del Traghetto
  Tel. 04 12 77 08 69
  www.palazzostern.it

American €€ 📙 C5
Hübsches, ruhiges Hotel ganz nahe beim Guggenheim-Museum. Einige Zimmer mit Blick auf den Kanal.
• Dorsoduro 628 | Campo San Vio
  Tel. 04 15 20 47 33
  www.hotelamerican.it

Da Bruno €€ 📙 E4
Liebevoll geführtes Haus zwischen Rialto und der Piazza San Marco. Tolles Frühstücksbüfett.
• Castello 5726/A | Salizzada San Lio
  Tel. 04 15 23 04 52
  www.hoteldabruno.com

Hotel Pausania €€ 📙 B4
Das charmante 3-Sterne-Hotel in der Nähe des lebhaften Campo Santa Margherita diente schon mehrfach als Drehort. Frühstücksraum mit Blick auf den Garten.
• Dorsoduro 2824 | Fond. Gerardini
  Tel. 04 15 22 20 83
  www.hotelpausania.it

Der Palazzo Stern begrüßt seine Gäste in einem historischen Prachtbau am Canal Grande

La Calcina €€ C5

Traditionsreiches, elegantes und beliebtes Hotel am Giudecca-Kanal mit Terrassenrestaurant auf dem Wasser.
- Dorsoduro 780 | Zattere ai Gesuati
  Tel. 04 15 20 64 66
  www.lacalcina.com

La Residenza €€ F4

Geräumige, stilvoll mit Antiquitäten und historischen Gemälden ausgestattete Zimmer in einem liebevoll restaurierten Palazzo aus dem 15. Jh.
- Castello 3608
  Campo Bandiera e Moro
  Tel. 04 15 28 53 15
  www.veniceresidenza.com

Locanda Fiorita €€ C4

Kleines Hotel an einem pittoresken Platz mit 9 Zimmern, einige davon mit Balkon. Nette Atmosphäre.
- San Marco 3457/A | Campiello Nuovo
  Tel. 04 15 23 47 54
  www.locandafiorita.com

Locanda La Corte €€ E3

Ansprechendes Boutiquehotel in einem Palazzo aus dem 16. Jh. Das Frühstück wird im begrünten Innenhof serviert.
- Castello 6317 | Calle Bressana
  Tel. 04 12 41 13 00
  www.locandalacorte.it

Residenza Cannaregio €€ C2

Ursprünglich ein Kloster, dann Gondelmanufaktur, heute schickes Aparthotel mit Restaurant und Bar.
- Cannaregio 3210/A
  Tel. 04 15 24 43 32
  www.eurostarshotels.de

EINFACHE HOTELS UND PENSIONEN
Ai Tolentini € B3

Kleines Hotel in der Nähe des Piazzale Roma, freundlicher Service, günstige Preise. Frühstücken kann man in einer Bar um die Ecke.
- Santa Croce 197/G | Calle Amai
  Tel. 04 12 75 91 40
  www.albergoaitolentini.it

Antica Locanda Montin € 🏛 C5

Beliebtes Hotel mit gleichnamigem Restaurant, in dem früher die Künstlerszene Venedigs verkehrte.

• Dorsoduro 1147
  Tel. 04 15 22 71 51
  www.locandamontin.com

B & B La Bragadina €

In der Fußgängerzone auf dem Lido, nicht weit vom Vaporetto-Anleger entfernt gelegenes, familiengeführtes B & B – die Eigentümer wohnen im Erdgeschoss. Nette Ansprache, tolles Frühstück mit selbst gemachtem Kuchen.

• Via Lepanto 8E/Lido
  Tel. 032 90 65 57 96
  www.labragadina.com

Casa Peron € 🏛 C4

Sehr einfaches, jüngst renoviertes, familiär geführtes Hotel. Nicht alle Zimmer mit eigenem Bad, aber freundliche Atmosphäre.

• Santa Croce 84/ Salizada San Pantalon
  Tel. 041 71 00 21 71
  albergocasaperon@gmail.com

Hotel al Malcanton € 🏛 B4

Kleines günstiges Hotel nahe Piazzale Roma. Für zwei, drei Nächte keine schlechte Option, aber Luxus darf man hier nicht erwarten.

• Dorsoduro 3587/Corte Surian
  Tel. 04 12 75 08 97
  www.hotelalmalcanton.com

Locanda del Ghetto € 🏛 C2

Neben dem Museo Ebraico gelegene, familiär geführte Pension mit nur 6 Zimmern, alle mit eigenem Bad.

• Cannaregio 2892–2893
  Tel. 04 12 75 92 92
  www.locandadelghetto.net

STILLE OASEN

• **Pension Accademia Villa Maravege** €€€ 🏛 C5
  Zauberhaftes Hotel in einem Palazzo aus dem 17. Jh. direkt am Canal Grande nahe Accademia. Der Garten ist eine Oase der Ruhe.
  Dorsoduro 1058
  Tel. 04 15 21 01 88
  www.pensioneaccademia.it

• **Abbazia** €€ 🏛 B3
  In dem sorgsam restaurierten ehemaligen Kloster nahe am Bahnhof Santa Lucia nächtigt man heute in 50 nostalgischen Zimmern, teils mit Blick auf den wunderschönen Klostergarten.
  Cannaregio 68
  Calle Priuli dei Cavaletti
  Tel. 041 71 73 33
  www.abbaziahotel.com

• **Belle Arti** €€ 🏛 C5
  Hinter der Accademia, mit 67 Zimmern. Im Sommer lockt ein hübscher Garten mit Springbrunnen im Innenhof.
  Dorsoduro 912/A
  Rio Terrà Foscarini
  Tel. 04 15 22 62 30
  www.hotelbelleartivenice.com

• **Flora** €€ 🏛 D5
  42 individuelle Zimmer in einem ehemaligen Palazzo nahe San Marco. Wohltuenden Schatten findet man im begrünten Innenhof, in dem man auch frühstückt.
  San Marco 2283/A
  Tel. 04 15 20 58 44
  www.hotelflora.it

ESSEN & TRINKEN

Venezianische Küche kann ganz hervorragend sein – sie in Venedig zu finden, noch dazu zu erschwinglichen Preisen, ist allerdings ein kleines Kunststück. Auf den Inseln erlebt die authentische venezianische Küche jedoch gerade eine Renaissance.

Ein Menü umfasst üblicherweise drei Gänge: Vorspeise, Hauptgericht mit Beilagen, die extra bestellt und berechnet werden, Nachtisch (Käse, Obst, Kuchen). Zur Abrundung nimmt man einen Espresso *(caffè)*, gegebenenfalls mit Cognac oder Grappa. *Coperto* (Gedeck) wird stets separat berechnet und enthält das Brot. Bestellt man à la carte, gibt es preislich nach oben hin keine Grenzen. Doch sieht man einmal von den unzähligen Touristenlokalen ab und entscheidet sich bewusst gegen das fast überall offerierte *menu turistico,* so wird man feststellen, dass viele Restaurants, Trattorien oder Osterien ganz passable, bodenständige Gerichte servieren. Die Pizza, zu der Italiener Bier trinken, ist auch in Venedig überall zu haben.

VENEZIANISCHE KÜCHE

Die venezianische Küche ist traditionell eine Fischküche; von *anguilla* (Aal) bis *zuppa di pesce* (Fischsuppe) reicht das Kaleidoskop der Spezialitäten. Einmal sollte man sich eine *grigliata mista* (gemischte Fischplatte vom Grill) leisten. Kenner machen Umwege für *risotto di pesce* (Fischrisotto) oder *granseola* (Meeresspinne), die in ihrem bizarren Panzer serviert wird.

Beliebt bei Einheimischen sind *pasta nera* (schwarze Nudeln) und *risotto nero* (schwarzer Reis), für deren Farbe der Tintenfisch sorgt. Ein typischer Menüvorschlag in Venedig wären auch *sarde in saor* (Sardinen in Essig und Öl) und *seppie alla veneziana* (Tintenfisch mit Polenta). Häufig auf den Tisch kommen auch Muschelgerichte wie in Olivenöl gebratene Jakobsmuscheln *(capesante alla veneziana).*

Zu den wenigen lokalen Fleischspezialitäten gehört *fegato alla veneziana,* Kalbslebergeschnetzeltes mit Zwiebeln und Petersilie in Olivenöl.

WEINE AUS DEM VENETO

Offene Tischweine *(vino sfuso)* sind Tocai und Soave (weiß) sowie Merlot und Cabernet (rot). Wer Veneto-Weine kennenlernen möchte, sollte sich in einer Enoteca nach Pinot Grigio, Pinot Bianco, Sauvignon (weiß) oder den Roten Raboso, Refosco und Marzemino umsehen.

Nach Feierabend gehen die Venezianer gern auf einen *spritz* in die Bar – ein sprachliches Relikt der österreichischen Besatzung. Bei diesem Getränk werden Weißwein und Mineralwasser mit Campari oder Aperol gemischt. Soll's genussvoller sein, bestellt man Prosecco oder Cartizze.

Auf Sant'Erasmo, Venedigs Gemüse-Insel, gedeiht auch hervorragender Wein

EMPFEHLENSWERTE RESTAURANTS

Antico Martini €€€ ▮ D4

Traditionsreiches Restaurant und Weinbar mit vorzüglicher Küche, Interieur mit Antiquitäten und Ölgemälden.

- San Marco 1983 | Campo Teatro Fenice
  Tel. 04 15 22 41 21
  www.anticomartini.com

Bentigodi €€€ ▮ C2

Im Winter sollte man die köstlichen Artischocken von Sant'Erasmo probieren. Ganzjährig sind Fisch und die Kalbsleber *alla veneziana* ein Gedicht.

- Cannaregio 1423 | Ponte delle Guglie
  Tel. 04 18 22 37 41
  www.bentigodi.com

Corte Sconta €€€ ▮ F4

Insider-Fischrestaurant, auch mit reicher Vor- und Nachspeisenauswahl; schlichturiges Ambiente. So, Mo geschl.

- Castello 3886 | Calle del Prestin
  Tel. 04 15 22 70 24
  www.cortescontavenezia.it

Casin dei Nobili €€–€€€ ▮ C4

Urgemütliche Pizzeria, auch mit Tischen unter freiem Himmel, in der natürlich nicht nur Pizzen serviert werden. Abends unbedingt reservieren! Do geschl.

- Dorsoduro 2756 | San Barnaba
  Tel. 042 41 18 41

Al Ponte €€ ▮ F4

Typisch venezianisches Lokal, das köstliche *cicchetti*, aber auch fangfrischen Fisch und diverse Fleischgerichte bietet. Dazu gibt es eine schöne Auswahl an Weinen aus der Region. Urig!

- Cannaregio 6378 | Ponte del Cavallo
  Tel. 04 15 28 61 57

Da Rioba €€ ▮ D2

Bei Einheimischen beliebtes Lokal mit Plätzen im Freien am Kanal. Die Zutaten für die leichte, innovative Küche liefert der eigene Hof auf Sant'Erasmo. Mo geschl.

- Cannaregio 2553
  Fondamenta della Misericordia
  Tel. 04 15 24 43 79
  www.darioba.com

WO VENEZIANER EINKEHREN

- **Ai Rusteghi** €€ 📵 D3
  In einem charmanten kleinen Innenhof nahe Rialto, aber fernab des Trubels, werden fantastische *cicchetti* serviert. Riesige Auswahl an *panini* und *tramezzini*.
  San Marco 5513
  Campiello del Tentor
  Tel. 04 15 23 22 05

- **Alla Vedova** €€ 📵 D3
  Am Tresen speist man zu einem Glas Weißwein oder Prosecco Artischocken im Teigmantel, eingelegte Auberginen, frittiertes Gemüse, *sarde in saor*, Fleisch- oder Fischfrikadellen, Muscheln oder Krustentiere. Do und So mittags geschl.
  > mehr S. 14 Punkt ⑫
  Cannaregio 3912 | Calle del Pistor
  Tel. 04 15 28 53 24

- **Alle Testiere** €€ 📵 E4
  Unbedingt reservieren! Denn die wenigen Tische in der gemütlichen Osteria, die für ihre ausgezeichnete Fischküche bekannt ist, sind abends rasch besetzt. So und Mo geschl.
  Castello 5801
  Calle del Mondo Nuovo
  Tel. 04 15 22 72 20

- **Dalla Marisa** €–€€ 📵 B2
  Auf der Karte des schlicht eingerichteten Landhauses stehen hervorragende Fisch- und Wildgerichte. Viele Arbeiter der nahen Gondelwerft kehren hier ein.
  Cannaregio 652/B
  Fondamenta San Giobbe
  Tel. 041 72 02 11

Do Mori €€ 📵 D3
Ältestes Bàcaro der Stadt mit mehr als 100 hervorragenden Weinen, dazu werden Fischfrikadellen, Ochsenzunge und andere *cicchetti* serviert. So geschl.
- San Polo 429 | Calle dei Do Mori
  Tel. 04 15 22 54 01

La Zucca €€ 📵 C3
Kleines Restaurant am Kanal, auch vegetarische Küche mit tollen Kürbisgerichten im Herbst. So geschl.
- Santa Croce 1762 | Ponte del Megio
  Tel. 04 15 24 15 70
  www.lazucca.it

Trattoria alla Madonna €€ 📵 D3
Eine typisch venezianische Trattoria, die u. a. hervorragende Meeresspinnen *(granseola)* serviert. Seit 1954 kehren hier die Venezianer ein. Mi geschl.
- San Polo 594/Calle della Madonna
  Tel. 041/522 38 24
  www.ristorantealllamadonna.com

Trattoria Giorgione €–€€ 📵 G5
Der Familienbetrieb serviert Seafood-Platten und gegrillten Fisch, köstlich ist auch das Fisch-Risotto! Dazu gibt es häufig Gitarrenmusik von Lucio Bisutto, dem Eigentümer des Restaurants. Mi geschl.
- Castello 1533 | Via Garibaldi
  Tel. 04 15 22 87 27

Oke € 📵 B5
Riesige Auswahl an Pizzen zu fairen Preisen. Im Sommer ein herrliches Plätzchen am Giudecca-Kanal, wo ein laues Lüftchen weht. Häufig voll, dann manchmal längere Wartezeiten. Studentische Atmosphäre.
- Dorsoduro 1414 | Zattere
  Tel. 04 15 20 66 01
  www.okevenezia.com

SHOPPING

**Typische Venedig-Mitbringsel sind kostbare Seidenstoffe, Spitze, handge-
schöpftes oder marmoriertes Papier, alte Glasperlen und Muranoglas in
allen Variationen.**

Im Markusviertel liegen die Haupteinkaufsstraßen wie die Mercerie, die
Frezzeria, die Salizzada San Moisè oder die Calle Larga XXII. Marzo. Die
großen Modeschöpfer haben hier ihre Filialen: Prada, Versace, Laura Bia-
giotti, Valentino und Bulgari. Wesentlich entspannter einkaufen lässt es sich
in den kleinen, aber ganz hervorragenden Geschäften in Dorsoduro.

IN SAN MARCO
Alberto Valese ▌C4

Die Herstellung von marmoriertem Papier
zählte in der Blütezeit des Handels zu den
Spezialitäten der Republik; es war fäl-
schungssicher und somit ideal für diplo-
matische Korrespondenzen. 1970 wurde die
Produktion von Alberto Valese aus dem
Dornröschenschlaf erweckt.
• San Marco 3471
  Campo Santo Stefano
  www.albertovalese.wixsite.com

Galleria Marina Barovier ▌C4

Man wähnt sich in einem Museum für moderne Kunst: Das, was Marina und ihr Mann
Marino, der aus einer alten Glaskünstler-
familie stammt, hier an modernen Glas-
kunstwerken geschaffen haben, ist überwältigend. Internationale Glaskünstler
stellen in den neuen Galerieräumen ihre
Werke aus. So, Mo geschl.
• San Marco 3216
  Salizada San Samuele
  www.barovier.it

Edles handbedrucktes Papier zählt zu den schönsten Venedig-Souvenirs

Die Schuhdesignerin Giovanna Zanella ist weit über Venedig hinaus bekannt

Venetia Studium ▌D5

Eine Gruppe junger Designer stellt Seidenlampen oder -plisseekleider her – der Erfindung des großen spanischen Malers und Bildhauers Mariano Fortuny nachempfunden. Die hauchzarten, luftig-leichten Plisseestoffe schmiegen sich wie eine zweite Haut an den Körper an.

• San Marco 2425
www.venetiastudium.com

Venini ▌E4

Berühmte Designer wie Gio Ponti, Carlo Scarpa und Tapio Wirkkala haben mit Venini kooperiert. Sie schufen moderne Kunstwerke aus Glas, die im Venini-Showroom effektvoll in Szene gesetzt werden.

• San Marco 314
Piazzetta dei Leoncini
www.venini.com

Libreria Goldoni ▌D4

Wer ein Kunstbuch oder einen Bildband über Venedig sucht, sollte hier auf jeden Fall reinschauen. Die neben dem Goldoni-

Theater gelegene Buchhandlung verfügt über ein gutes Sortiment an Venedig-Titeln, Reiseführern etc. Auch englischsprachige Bücher sind im Angebot. So geschl.

• San Marco 4742 | Calle dei Fabbri
www.librogold.com

IN CASTELLO

Giovanna Zanella ▌E4

In Giovanna Zanellas Werkstatt entstehen schrille, freche, auf jeden Fall außergewöhnliche Schuhe, ganz nach den Wünschen ihrer Klientel. Dass man schon mal 400 € für ein Paar hinblättern muss, stört die solvente Kundschaft nicht. Auch nicht, dass man sich rund drei Monate gedulden muss, bis man das fertige Paar zum ersten Mal tragen kann. So geschl.

• Castello 5641 | Campo San Lio
www.giovannazanella.it

Libreria Acqua Alta ▌E4

Ohne Zweifel einer der urigsten Buchläden der Welt: Treppenstufen aus antiquarischen Büchern, Katzen, die in den Regalen

schlafen, Boote, alte Badewannen und Fässer, die als Verkaufsstände dienen ... einfach sehenswert!
• Castello 5176/b
  Calle Longa Santa

IN CANNAREGIO

Bianco Nero D3
Die Adresse für Kunstfotografie: Vittorio Pavan verkauft in seiner Galerie außergewöhnliche Schwarz-Weiß-Aufnahmen, darunter Venedigmotive abseits gängiger Klischees. So geschl.
• Cannaregio 4541 | Salizada del Pistor
  www.bianconero-venezia.it

Panificio Volpe C2
Ein geradezu überbordendes, verlockendes Angebot an süßem Gebäck und koscheren Köstlichkeiten bietet die kleine Bäckerei im jüdischen Ghetto.
• Cannaregio 1143
  Calle Ghetto Vecchi

IN SAN POLO

Atelier Pietro Longhi C4
Die berühmten Karnevalsmasken in den unterschiedlichsten Ausführungen, bunt und schrill oder klassisch und dezent gibt es hier, dazu Perücken, venezianische Schuhe, Waffen und wunderbar gearbeitete historische Kostüme.
• San Polo 2608 | Rio Terà Frari
  www.pietrolonghi.com

Gilberto Penzo C4
Modelle von venezianischen Gondeln und Schiffen der Serenissima, mit Hingabe und viel Liebe zum Detail hergestellt, stehen hier zum Verkauf. Gilberto Penzo ist zugleich Künstler und Bootshistoriker – *der* Spezialist für venezianische Schiffstypen.
> mehr S. 17 Punkt **31**

DIE SCHÖNSTEN MÄRKTE

• **Erberia** D3
  Auf dem berühmten Rialtomarkt wird neben Fisch auch frisches Obst, Gemüse, Wurst und Käse zum Verkauf angeboten – alles hübsch drapiert. Hier besorgen Venedigs Hausfrauen die Zutaten fürs Mittagessen > S. 94.
• **Pescheria** D3
  In der Fischmarkthalle aus dem beginnenden 20. Jh. gleich hinter dem Obst- und Gemüsemarkt wird Fangfrisches aus der Lagune stimmgewaltig angepriesen – ein Erlebnis > S. 94.
• **Gemüseschiff** C4
  An der Brücke der Faustkämpfer liegt in den Sommermonaten ganz malerisch ein Gemüseschiff vor Anker. Hier macht das Einkaufen richtig Spaß > S. 136.
• **Campo Santa Margherita** C4
  Auf dem volkstümlichen Platz wird tagsüber, wie an vielen anderen Stellen Venedigs auch, ein kleiner Obst- und Gemüsemarkt abgehalten > S. 136.
• **Flohmärkte**
  Besonders hübsch sind der Mercatino dei Miracoli auf dem Campo Santa Maria Nova, der Mercatino delle Robe da Mar auf der Via Garibaldi und der Mercatino di Polvere di Ricordi, der u. a. am Campo San Silvestro und Campo Sant'Agnese abgehalten wird. Die aktuellen Termine erfährt man bei der Touristeninformation > S. 152.

BESONDERE MITBRINGSEL

- **Bressanello Artstudio** 🔖 C4
  Fotografien als echte Kunstwerke:
  Fassadendetails, die sich in einer
  Pfütze spiegeln, stille Räume, die
  mystisch-dunstige Lagune … Fabio
  Bressanello arbeitet auch mit inter-
  nationalen Architekten und Desig-
  nern zusammen. So geschl.
  Dorsoduro 2835/A
  Ponte dei Pugni
  www.fabiobressanellophoto.com
- **Ca' del Sol** 🔖 E4
  Beeindruckende handgemachte
  Masken in großer Auswahl und in
  allen Preislagen. In der angeschlos-
  senen Werkstatt werden auch Kurse
  angeboten. So geschl.
  Castello 4964
  Fondamenta de l'Osmarin
  www.cadelsolmascherevenezia.com
- **L'Isola** 🔖 C4
  Die modern gestalteten Kunstob-
  jekte, Gläser und Vasen aus der
  Werkstatt Carlo Moretti zählen zu
  den schönsten in ganz Venedig. Be-
  gehrte Sammlerobjekte sind die
  originellen *calici* (Kelche).
  San Marco 2970
  Calle delle Botteghe
  www.lisola.com
- **Legatoria Polliero** 🔖 C4
  Alteingesessener Buchbinder, der
  eine Fülle von Notiz-, Adress- und
  anderen Büchern aus wunderschö-
  nem marmoriertem Papier anbie-
  tet. So geschl.
  San Polo 2995
  Calle dei Frari

- San Polo 2681
  Calle Seconda dei Saoneri
  www.veniceboats.com

IN SANTA CROCE
Carta Venezia 🔖 D3
Diverse Techniken, unterschiedlichste Mo-
tive, und am Ende entstehen kleine Kunstwerke aus Papier: edle Hefte, zierliche
Schalen oder durchscheinende Lampen-
schirme. So und Mo vormittags geschl.
- Santa Croce 2125 | Calle Longa

Casa del Parmigiano 🔖 D3
Seit drei Generationen befindet sich das
Feinkostgeschäft im Besitz der Familie
Aliani: Bereits seit 1936 kaufen die Venezia-
ner hier feinste Käsesorten, aber auch
Wurst und Schinken sowie edle Balsamico-
essige und Weine ein.
- San Polo 214-218 | Campo Cesare Battisti
  www.aliani-casadelparmigiano.it

IN DORSODURO
Annelie 🔖 C5
Ein Traum in Weiß: Die gebürtige Österrei-
cherin Annelie Pizzi verkauft in ihrem
Laden bestickte oder mit Spitze verzierte
Taschen und Beutel, Tisch- und Bettwä-
sche, Vorhänge, Blusen und Kinderkleider.
Sa Nachmittag und So geschl.
- Dorsoduro 2748
  Calle Lunga San Barnaba

Madera 🔖 C4
Für Liebhaber nordischen Designs:
Francesca Meratti fertigt wunderschönes
Keramikgeschirr und Wohnaccessoires aus
Holz. In der modern gestylten Ladengalerie
werden auch Objekte anderer italienischer
Designer präsentiert. So geschl.
- Dorsoduro 2762 | Campo S. Barnaba
  www.maderavenezia.it

AM ABEND

Dank der Oper und zahlreicher klassischer Konzerte in stimmungsvoller Kulisse kommen Musikliebhaber in Venedig voll auf ihre Kosten. Bars, Musikclubs und Diskotheken gibt es hingegen nur wenige.

Hauptanlaufstellen der Nachtschwärmer sind der Campo Santa Margherita und das Cannaregio-Viertel. Wer tanzen will, fährt am besten nach Mestre, im Sommer öffnen auf dem Lido Stranddiskos. An kulturellen Veranstaltungen wie Theateraufführungen und Konzerten mangelt es indes nicht. Das Abendprogramm der Kinos, Theater und Konzertsäle finden Sie in der Tageszeitung »Il Gazzettino«. Über aktuelle Veranstaltungen informieren auch online Agenda Venezia (www.agendavenezia.org) und die bei den Touristeninformationen erhältliche Broschüre »Un Ospite di Venezia – A Guest in Venice« (www.unospitedivenezia.it).

THEATER

Teatro Malibran 📱 E3

Eines der ältesten (1678), ehemals schönsten und größten und neben dem La Fenice > S. 43, 84 auch das bedeutendste Theater Venedigs, an dem Carlo Goldoni zeitweise arbeitete. Nach dem Brand im La Fenice 1996 diente das Teatro Malibran als Ausweichquartier.

• Cannaregio 5873
  Campiello Malibran | Nähe Rialto
  Tel. 041 24 24 (Call Center)
  www.teatrolafenice.it

Teatro Goldoni 📱 D4

Das Schauspielhaus wurde bereits im 17. Jh. gegründet und zählt somit zu den ältesten Bühnen der Stadt. Es trägt den Namen des Komödiendichters Carlo Goldoni (1707–1793), dessen Werke neben anderen venezianischen Klassikern regelmäßig auf dem Spielplan stehen.

• San Marco 4650/B | Calle Goldoni
  Tel. 04 12 40 20 11 oder
  04 12 40 20 14
  www.teatrostabileveneto.it

Wer sich für moderne, experimentelle Inszenierungen interessiert, sollte einen Blick in das Programm des **Teatro a l'Avogaria** 📱 B5 in Dorsoduro (1617, www.teatro-avogaria.it) werfen.

KLASSISCHE KONZERTE

Das ganze Jahr über findet man in Venedig ein breit gefächertes Angebot an Konzerten, wobei der Akzent auf Werken des 18. Jhs. liegt, der großen Zeit der venezianischen Komponisten Antonio Vivaldi und Baldassare Galuppi. Auf der Straße werden viele der Konzerte beworben, die dann am Abend – atmosphärisch schön – in Kirchen, Scuole und Palazzi stattfinden. Wer ein Konzert z. B. von Interpreti Veneziani > S. 43 besuchen möchte, sollte unbedingt vorher reservieren. Eine Alternative: **Musica a Palazzo** 📱 D5, Opern- und Musikabende in einem Palazzo am Canal Grande (San Marco 2504, Fond. Duodo o Barbarigo, www.musicapalazzo.it, 70 €).

Musica in Maschera 🎭 B4

Sänger und Musiker der besten italienischen Orchester bieten in historischen Kostümen Opern und Ballette des 18. Jhs. dar.
- Scuola Grande dei Carmini
  Dorsoduro | Tel. 04 15 28 76 67
  www.musicainmaschera.it

Virtuosi di Venezia 🎭 E4

Stimmungsvolle Vivaldi-Konzerte, bei
denen man sich zurückversetzt fühlt in die
Zeit des großen venezianischen Komponisten > S. 116.
- San Marco | Ateneo di San Basso
  Tel. 04 15 28 28 25
  www.virtuosidivenezia.com

NACHTKLUB

Piccolo Mondo 🎭 C5

Der traditionsreiche Klub »El Souk« nahe
der Accademia, eröffnet 1963, ist heute eine
winzige Disko und Pianobar mit schickem
Publikum. Di–So 22–4 Uhr, Eintritt.
- Dorsoduro 1056/A | Tel. 04 15 20 03 71
  www.piccolomondo.biz

LIVEMUSIK

Paradiso Perduto 🎭 C5

In der beliebten Studentenkneipe > S. 111
gibt es Livemusik und hausgemachte
Pasta. Auch Tische im Freien am Kanal.
Do–Di 19–2 Uhr, So auch mittags.
- Cannaregio 2640 | Tel. 041 72 05 81
  www.ilparadisoperduto.wordpress.com

Ruga Rialto 🎭 D3

Nette Osteria mit gutem Essen und ange-
nehmer Atmosphäre, abends stehen regel-
mäßig Jazz- und Blueskonzerte auf dem
Programm, manchmal auch Lesungen.
Di–So 10–15, 18–24 Uhr.
- San Polo 692 | Ruga Rialto
  Tel. 04 15 21 12 43

Nuovo T.A.G. Club

Zur Institution avancierter Underground-
Klub, gute Livemusik unterschiedlicher
Stilrichtungen und international bekannte
DJs. Tgl. 22–5 Uhr.
- Mestre | Via Giustizia 19 (am Bahnhof)
  Tel. 0 41 92 19 70

Im Teatro Goldoni wird intensiv an einem neuen Stück gearbeitet

Martini Scala Club 📱 D4

Noblesse oblige in der vom benachbarten
Restaurant Antico Martini betriebenen
Pianobar. Tgl. außer Di 22–3.30 Uhr, warme
Küche bis 2 Uhr, danach Snacks.
• San Marco | Campo San Fantin 1980
Tel. 04 15 22 41 21

Venice Jazz Club 📱 C4

Lokale und internationale Musiker begeis-
tern in dieser gemütlichen Jazzkneipe mit
Wohnzimmeratmosphäre ihr Publikum. So
und Aug. geschl.
• Dorsoduro 3102 | Ponte dei Pugni
Tel. 04 15 23 20 56
www.venicejazzclub.com

JUNGE SZENE

Bacaro Jazz 📱 D3

Gut besuchte, gemütliche Jazz- und Cock-
tailbar mit Restaurant; nahe der Rialtobrücke. Tgl. geöffnet, warme Küche
13–2 Uhr, Happy Hour 16–19 Uhr.
• San Marco 5546 | Tel. 04 15 28 52 49
www.bacarojazz.com

Torrino@Notte 📱 D4

Tagsüber eine Snackbar, verwandelt sich
das Torrino nach Sonnenuntergang in eine
beliebte Musikkneipe, in der mittwochs
und an Wochenenden bisweilen Livebands
gastieren. Mo–Sa 22–2 Uhr.
• San Marco 4591 | Campo San Luca
Tel. 04 15 22 39 14

Da Codroma 📱 B4

Livemusik und Billard in einer rustikalen
Osteria, beliebt bei Studenten. An den
Tischen im Freien kann man auch nur ein
Glas Wein trinken. Do, Fr 8–16, 18–23, Sa
10–16, 18–23 Uhr, Mo–Mi nur tagsüber.
• Dorsoduro 2540 | Fondamenta Briati
Tel. 04 15 24 67 89

KULTURELLE HÖHEPUNKTE

• **Gran Teatro La Fenice** 📱 D4
Das La Fenice zählt zu den bedeu-
tendsten Opernhäusern der Welt.
Alle großen Soprane und Tenöre ha-
ben hier gesungen > S. 84.
San Marco 1965 | Campo S. Fantin
Tel. 041 78 65 11
Kartenverkauf an der Biglietteria
oder unter www.teatrolafenice.it
• **I Musici Veneziani** 📱 D4
Das Orchester, in dem einige der
besten Musiker Venedigs spielen,
gibt großartige Konzerte in der
Scuola Grande di San Teodoro, na-
türlich in historischen Kostümen.
Scuola Grande di San Teodoro
Rialto
Tel. 04 15 21 02 94
www.imusiciveneziani.com
• **Interpreti Veneziani** 📱 C5
Werke alter Meister wie Vivaldi, mit
viel Verve und Begeisterung vorge-
tragen von einem international en-
gagierten Orchester, und zwar in
der Kirche San Vidal – ein tolles
Venedig-Erlebnis!
Chiesa San Vidal
San Marco 2862/B
Tel. 04 12 77 05 61
www.interpretiveneziani.com
• **Opernabende** in der Scuola Grande
di San Giovanni Evangelista > S. 99.
Operninszenierungen und Konzerte
in einem fantastischen Ambiente.
Der Salone San Giovanni ist für
seine ausgezeichnete Akustik berühmt. Aktuelle Termine unter
www.scuolasangiovanni.it.

Der Beruf des Gondoliere ist lukrativ und entsprechend begehrt – offizielle Lizenzen sind aber begrenzt und können nur vererbt oder verkauft werden

LAND & LEUTE

STECKBRIEF

- **Fläche** (ohne Giudecca und San Giorgio): 7,06 km²
- **Höhe:** 1 m über dem Meeresspiegel
- **Inseln:** 118
- **Brücken:** 411
- **Kanäle:** 175
- **Plätze:** 127
- **Einwohner** (ohne Mestre): knapp 55 000 (2018)
- **Kirchen:** 115
- **Landes-/Ortsvorwahl:** 0039 / 041 (Bestandteil der Tel.-Nr.)

- **Währung:** Euro
- **Zeitzone:** MEZ

LAGE

Die Stadt Venedig liegt an der nördlichen Adria, 4 km vom Festland und 2 km vom Meer entfernt, auf 12° 2' östlicher Länge und 41° 25' nördlicher Breite. Mit dem Festland verbunden ist sie durch den rund 4 km langen Ponte della Libertà, über den man mit Auto, Bus oder Bahn die Lagunenstadt erreicht.

POLITIK UND VERWALTUNG

Alle fünf Jahre wird in Venedig ein Bürgermeister gewählt, maximal zwei Amtszeiten sind möglich. Bei den Wahlen 2010 sicherte sich Giorgio Orsoni, Kandidat des Mitte-Links-Bündnisses, 51,44 % der Stimmen, 2014 stolperte er jedoch über einen Korruptionsskandal in Zusammenhang mit dem MOSE-Projekt. Sein Nachfolger, der unabhängige Konservative Luigi Brugnaro, strebt eine »Kulturrevolution« mit zweifelhaf-

ter moralischer Stoßrichtung an. Er regiert gemeinsam mit seinem Vize und dem 46 Mitglieder umfassenden Stadtrat.

Venedig ist Hauptstadt der Region Veneto und der Provinz Venezia. Zum Verwaltungsgebiet zählen auch die Lagune mit den Inseln sowie Porto Marghera und Mestre.

WIRTSCHAFT

Venedig lebt fast vollständig vom Tourismus, was zwar z. B. das traditionelle Kunsthandwerk fördert, aber auch negative Folgen zeitigt > S. 28. Daher wird seit 2011 eine Bettensteuer erhoben, die u. a. zum Erhalt historischer Bauten eingesetzt werden soll. Die Abgabe für die ersten fünf Übernachtungen beträgt maximal 5,50 € pro Nacht, gestaffelt nach Unterkunft und Saison.

Im krassen Gegensatz zur historischen Altstadt Venedigs, die sich aufgrund ihrer Gegebenheiten nahezu jeder Modernisierung versperrt, leben die Städte auf dem Festland, allen voran Mestre und Porto Marghera, in erster Linie von der Industrie. Haupterwerbszweige sind hier Raffinerien, die petrochemische Industrie, Maschinenbau und Textilindustrie, die durch ihre schmutzigen Abwässer (eingeleitet wurden u. a. Quecksilber, Arsen und Dioxine) erhebliche ökologische Probleme in der Lagune verursachten. In einem spektakulären, 1995 begonnenen Prozess wurden die Hauptangeklagten erst frei-, später schuldig gesprochen.

Nun setzt man verstärkt auf den Ausbau des internationalen Hafens in Porto Marghera, der neue Einkommensmöglichkeiten schaffen soll. Schon jetzt ist er nach Genua der zweitgrößte Italiens. Kritiker indes warnen vor den unabsehbaren ökologischen Folgen. Zudem ist die Realisierung dieses – wie auch weiterer Projekte in Venedig – aufgrund der Schuldenkrise in Italien und des zu ihrer Eindämmung aufgelegten Sparkurses fraglich.

DIE MENSCHEN

Knapp 55 000 Einwohner (Stand 2018) leben noch im *centro storico,* Tendenz sinkend. Kein Wunder, denn in den Wohnungen fehlt es oft an gefliesten Bädern und Heizungen. Doch Sanierungen kosten in der Wasserstadt wegen der Feuchtigkeit in den Häusern mehr als anderswo – kein Anreiz für Hausbesitzer, zeitgemäßen Wohnraum zu schaffen. Hinzu kommt, dass die Immobilienpreise in Venedig die höchsten Italiens sind – noch vor Rom und Mailand. Und bezahlbare Mietwohnungen sind ebenfalls kaum noch zu bekommen: Wer kann, vermietet lieber an Touristen als an Einheimische, das ist wesentlich lukrativer und bringt etwa das Dreifache an Einnahmen. Die Venezianer ziehen deshalb weg und kommen als Pendler in die Stadt zurück; darunter leidet die Infrastruktur. Viele kleine Läden müssen schließen, an ihrer Stelle werden Souvenirshops eröffnet.

SPRACHE

Wäre Dante nicht Florentiner, sondern Venezianer gewesen, dann wäre im 13./14. Jh. nicht der toskanische, sondern der venezianische Dialekt zum Hochitalienisch avanciert. Eigentlich handelt es sich um mehr als einen Dialekt – Venezianisch ist eine Schriftsprache von literarischer Eigenständigkeit. Venedigs berühmtester literarischer Sohn, der Dichter Carlo Goldoni, würdigte im 18. Jh. seine Heimatstadt in zahllosen Theaterstücken.

Der Besucher ist auf Schritt und Tritt mit venezianischen Aufschriften konfrontiert, die vom üblichen Italienisch stark abweichen. Es gibt keine Doppellaute, dafür viele Eigenbildungen; die Schreibung *gheto novo* statt wie zu erwarten *ghetto nuovo* ist venezianisch einwandfrei, so wie *anzolo* für *angelo* steht und *San Zanipolo* die Kirche Santi Giovanni e Paolo bezeichnet. Sogar die Lagunenstadt selbst heißt auf Venezianisch anders: *Venexia.*

GESCHICHTE IM ÜBERBLICK

Ca. 1200 v. Chr. Legendäre Einwanderung der Veneter aus Kleinasien nach der Eroberung Trojas durch die Griechen.

181 v. Chr. Mit der Gründung Aquileias im Zuge der römischen Expansion wird auch der Lagunenbereich eingegliedert.

421 n. Chr. Legendäres Gründungsdatum Venedigs, das immer noch jedes Jahr am 25. März gefeiert wird. Im 5. Jh. sucht die Küstenbevölkerung vor den Einfällen der Barbaren aus dem Norden auf den Laguneninseln Zuflucht.

539 Das oströmische Kaisertum in Konstantinopel will Italien zurückerobern und bringt zunächst Venedig unter seine Kontrolle.

697 Wahl des ersten Dogen.

812 Im Frieden von Aachen wird dem jungen Staat die Unabhängigkeit von der fränkischen Expansion und die Obhut des fernen Konstantinopel bestätigt.

828 Die legendären Markusreliquien werden in Ägypten geraubt; zwei Jahre später Baubeginn der ersten Markuskirche.

Um 1000 Die Kontrolle Istriens und Dalmatiens sichert die Seewege der erfolgreichen Handelsmacht.

1082–1085 Sieg über die Normannen, die den Adriaausgang bedrohen.

1094 Weihe von San Marco.

1177 Venedig vermittelt im Streit zwischen Kaiser und Papst; Barbarossa und Alexander III. treffen sich in San Marco.

1202–1204 Der Vierte Kreuzzug endet mit der Eroberung Konstantinopels unter Führung des Dogen Enrico Dandolo. Venedig setzt seine Interessen im Kampf gegen den Sultan von Ägypten durch und erreicht den Höhepunkt seiner Kolonialmacht: Der Stadtstaat herrscht über drei Achtel des Byzantinischen Reichs, über die Kykladen und über Kreta. Damit ist der Seeweg bis ans Schwarze Meer gesichert.

1257–1381 Kampf mit Genua um die Vorherrschaft auf den Seewegen; im Frieden von Turin wird Venedigs Macht bestätigt.

15. Jh. Venedig expandiert auf dem Festland; Sicherung der Handelswege über die Alpen und nach Mittelitalien.

1453 Die Osmanen erobern Konstantinopel; Venedig ist vom Fernhandel abgeschnitten.

1454 Frieden von Lodi: Venedig hält sich auf dem Festland den Rücken frei; sein Gebiet begrenzen Po, Gardasee, Alpen und Istrien.

1498 Vasco da Gama entdeckt um das Kap der Guten Hoffnung den Seeweg nach Indien; Venedig verliert seine Vormachtstellung.

1508 »Liga von Cambrai«: Frankreich, Spanien, Kaiser, Papst und italienische Staaten bilden eine Allianz gegen Venedig; die Fugger wollen den wichtigen Handelsplatz aber nicht verlieren und finanzieren den Krieg nicht weiter. Trotzdem erleidet Venedig in den folgenden Kriegen große Gebietsverluste.

1570 Zypern fällt an die Türken. Obwohl die Seeschlacht bei Lepanto (1571) von Venedig gewonnen wird, dringen die Türken vor.
1576 Pestepidemie, der u. a. Tizian zum Opfer fällt.
17. Jh. Das Haus Habsburg sowie die Türken bleiben Venedigs politische Bedrohung.
1645 Die Türken besetzen Kreta; jahrzehntelange Kämpfe.
1699 Friede von Karlowitz: Venedig erhält die Peloponnes.
1718 Friede von Passarowitz: Venedig muss auf Beschluss Österreichs und der Türkei seinen gesamten Kolonialbesitz, außer Istrien, Dalmatien und Teilen Albaniens, abtreten. Damit ist Venedig keine Macht mehr, nur noch ein Staat.
1796/97 Napoleon besetzt venezianisches Territorium und übergibt 1797 Venedig kampflos an die Habsburger. Das in Europa einzigartige Staatsgebilde der Republik Venedig erlischt nach 1100 Jahren.
1805 Venedig gehört zum napoleonischen Königreich Italien.
1815 Der Wiener Kongress gibt Venedig an Österreich zurück.
1848–1849 Für 17 Monate schüttelt Venedig die österreichische Besatzung ab. 1849 zwingt eine Choleraepidemie die Venezianer zur Kapitulation.
1866 Friede von Wien: Österreich gewährt einen Volksentscheid, der zum Anschluss Venedigs an das neue Königreich Italien führt.
1915–1918 Kriegserklärung Italiens an Österreich; heftige Gefechte auf dem venezianischen Festland im Ersten Weltkrieg.

Regelmäßig steht das Wasser der Lagune auf dem Markusplatz – 1966 so hoch wie nie

1933 Eine Straßenbrücke verbindet Stadt und Festland, Ausdruck des Bestrebens der italienischen Faschisten, Venedig zu einer Industriemetropole umzugestalten.
1939–1945 Nach dem Sturz Mussolinis 1943 übernehmen die Nazis die Macht und deportieren Venedigs Juden in Vernichtungslager.
1946 Gründung der Republik Italien nach einem Referendum über die Staatsform.
1958 Angelo Giuseppe Roncalli, Patriarch von Venedig, wird Papst Johannes XXIII. (bis 1963).
1966 Eine schwere Sturmflut sucht Venedig heim. Internationale Hilfsprogramme zur Restaurierung der Lagunenstadt.
1979 Wiederbelebung des traditionsreichen Karnevals mit Filmregisseuren wie Federico Fellini.

1984 Gesetzeserlass zum Schutz Venedigs und der Lagune mit dem Projekt »Venezia Nuova«.

1996 Ein Brand zerstört das berühmte Gran Teatro La Fenice.

1997 Separatisten besetzen den Glockenturm von San Marco.

2003 Venedig beginnt mit dem Bau von mobilen Dämmen als Hochwasserschutz.

2009 In einer Gondelprozession wird Venedig symbolisch zu Grabe getragen, als Protest gegen den Bevölkerungsschwund aufgrund extrem hoher Lebenshaltungskosten.

2010 Giorgio Orsoni (Mitte-Links-Bündnis) wird zum Bürgermeister gewählt.

2013 Im Februar erlebt Venedig eine schwere Überschwemmung.

2015 Nach einem Korruptionsskandal wird Giorgio Orsoni von dem unabhängigen Konservativen Luigi Brugnaro als Bürgermeister von Venedig abgelöst.

2016 Die UNESCO droht mit dem Entzug des Welterbetitels, sollte Venedig sich nicht für ein Verbot großer Schiffe in der Lagune aussprechen.

2017 An einer rechtlich nicht bindenden Befragung des Bürgerkomitees »No Grandi Navi« beteiligen sich 20 000 Venezianer, 99 % davon stimmen für ein Verbot der Ozeanriesen.

2018 Venedig stellt erstmals Drehkreuze auf, um den Besucherandrang an viel frequentierten Orten wie dem Markusplatz und der Rialtobrücke zu kanalisieren.

2019 Unter dem Titel »Universes in Universe« findet von Mai bis November die 58. Biennale statt.

NATUR & UMWELT

Venedig kämpft seit Jahrhunderten mit Überschwemmungen. Weil der Meeresspiegel steigt und der sandige Untergrund jedes Jahr mehrere Millimeter absackt, droht die Stadt im Meer zu versinken.

Nach dem Ende der Würmeiszeit (ca. 10 000 v. Chr.) stieg der Meeresspiegel wieder an, die Adria bekam ihre heutige Gestalt. Drei Flüsse suchten sich von den Alpen ihren Weg: Brenta, Sile und Piave, die alle auf einem kleinen Küstenstreifen ins Meer münden. Aus ihren Ablagerungen formten die Meeresströmungen in Jahrtausenden das flache Lagunenmeer – ein Mischwasserbiotop mit idealen Bedingungen für die Pflanzen- und Tierwelt: geschützte Lage und ständiger Wasseraustausch durch Ebbe und Flut.

Landzungen schirmen die *Laguna Veneta* vom offenen Meer ab: das Litorale del Cavallino, die Inseln Lido und Pellestrina sowie die Landzunge Chioggia-Sottomarina. In der Inselwelt der Lagune fand auch der Mensch günstigen Lebensraum: landwirtschaftliche Flächen auf den Inseln, Fischfang, Salzgewinnung und Salzhandel, dazu eine risikolose Schifffahrt in dem geschützten Wasserrevier. Die drei Durchfahrten Porto di Lido, Porto di Malamocco und Porto di Chioggia stellen als natürliche Schleusen die Verbindung zum offenen Meer her: lebensnotwendig für Schifffahrt und Ökologie der Lagune, lebensbedrohend für die Bewohner durch eindringende Sturmfluten – die letzte kam 1966.

VERSINKT VENEDIG?

Die Lagune verdankt ihr Entstehen jahrhundertelangen Flussablagerungen. Sie wäre wie die Häfen von Aquileia und Ravenna wieder versandet, wenn die Venezianer nicht früh die Flüsse Brenta, Sile und Piave umgeleitet hätten. Als nach dem Ersten Weltkrieg die Industriezonen Porto Marghera und Mestre durch Landaufschüttung in der Lagune geschaffen und eine Rinne für Hochseeschiffe zum Festland ausgehoben wurden, zerstörte man das empfindliche Gleichgewicht zwischen Ablagerungen und Wasserzufluss in der Lagune. Die Landaufschüttungen verkleinerten die Wasserfläche, die Rinne vergrößerte die Wassermenge. Der Wasserspiegel stieg.

Seit Venedig existiert, besteht Hochwassergefahr. Bei Tiefdruck in Norditalien, starkem Südostwind und Flut strömen riesige Wassermengen auf die Lagune zu. 1984 begann man über den Bau einer Flutbarriere nachzudenken, Expertisen wurden in Auftrag gegeben und erste Machbarkeitsstudien erstellt.

PROJEKT MOSE

2003 nahm man das Projekt MOSE in Angriff, Ende 2018 soll es endlich in Betrieb gehen: Die drei Meereszugänge der Lagune sollen mit 79 mobilen Toren verriegelt werden, wenn der Wind die Flutwellen der Adria Richtung Venedig treibt. Umweltschützer befürchten massive ökologische Schäden, weil der notwendige Wasseraustausch nicht mehr gewährleistet wäre. Auch in puncto Finanzen ist das Projekt massiv in die Kritik geraten. Die geschätzten Kosten belaufen sich auf 5,5 Mrd. Euro, viermal mehr als ursprünglich veranschlagt!

📢 ACQUA ALTA

Wasser spielte immer eine zentrale Rolle für Venedig: Reichtum und Macht verdankte die Lagunenstadt seit jeher dem Meer. Doch das in immer kürzeren Abständen auftretende Hochwasser *(acqua alta)*, das bei starken Winden in die Lagune gedrückt wird und dabei nicht nur den Markusplatz an rund 100 Tagen im Jahr unter Wasser setzt, macht der Stadt zunehmend zu schaffen. Mit Gummistiefeln und über schmale Holzstege bewegen sich Bewohner und Besucher dann gleichermaßen mühsam fort, manche Plätze und Gassen sind gar nicht mehr passierbar. Sehr zum Unmut der Venezianer, die seit Langem einen wirksamen Hochwasserschutz fordern. Infos: https://comunevenezia.it/marea

KUNST & KULTUR

Wegen der engen Verbindung der Dogenrepublik mit Konstantinopel im Mittelalter findet man in der Stadt jede Menge byzantinische Elemente. Es ist die oströmische Prägung, die Venedigs Kunst so einzigartig macht.

Das Engagement des jungen Staates im östlichen Mittelmeer bedingte den starken Einfluss der byzantinischen Kunst auf Venedig: Sie gab der venezianischen Kunst über Jahrhunderte eine Richtung vor, die sich von künstlerischen Entwicklungen in Europa deutlich absetzte. Byzantinische Künstler wirkten in Venedig, die einheimischen lernten von ihnen, und Kunstwerke aus dem Oströmischen Reich fanden den Weg in die Lagune.

BYZANTINISCHE ARCHITEKTUR

Die 1063 begonnene Kreuzkuppelkirche San Marco ist ein Meisterwerk byzantinischer Baukunst; ihr Grundriss wird bis ins 18. Jh. hinein in venezianischen Kirchen variiert. Charakteristisch für byzantinische Bauten ist der gestelzte, elegant wirkende Rundbogen, den schlanke Säulen mit reich verzierten Kapitellen tragen.

Als im Mitteleuropa des 12. Jhs. der mächtige romanische Rundbogen dominierte, zog Venedig nicht mit – man hatte sich ja von der Rundbogenform aus dem Osten inspirieren lassen. Nur die Wandgliederung mancher Glockentürme erinnert an die Romanik. Und die Staatskirche San Marco erfuhr an der Schauseite eine romanische Korrektur. Den Orientkontakten verdankt die Kunst die arabische Inspiration: Der doppelt gebrochene »Moresco«-Bogen, nach Art der Mauren, entwickelte sich in der Lagunenstadt zu einer zauberhaften Fensterform. In luxuriöser plastischer Ausführung ziert er Nordportal und Schatzkammereingang der Markuskirche. Bei den opulenten Mosaiken stand ebenfalls der Osten Pate.

DAS GOTISCHE WUNDER

Auf dem Weg in die Lagune war der im 12. Jh. in Frankreich entstandenen Gotik der theologische Überbau abhanden gekommen; der gotische Zuckerguss (14. Jh.) der heutigen Markuskirche bestätigt die Übernahme als Dekorationssystem. Am Neubau des Dogenpalasts fließen jedoch die übernommenen Formen in die venezianische Gotik ein, eine Dekorationskunst, die das Stadtbild erheblich veränderte. Eine venezianische Spezialität wurde es, den Spitzbogen wie in einer Schnute enden zu lassen: Die strenge Gotik aus dem Norden verfällt der orientalischen Fantasie und weltlichen Schaulust.

Der Dogenpalast und viele Fassaden am Canal Grande sowie im gesamten Stadtbild erzählen das gotische Wunder. Gleichwohl wirken die wenigen gotischen Kirchen Venedigs breit und behäbig – einmal missfiel den gotisch

Die Holzdecke der Kirche Santo Stefano hat die ungewöhnliche Form eines Schiffsrumpfs

bauenden Bettelorden allzu großer Aufwand, dann bescherte der Untergrund Fundamentprobleme. So sind Steingewölbe, sonst ehrgeizige Regel, in Venedig die Ausnahme (Santi Giovanni e Paolo). Dafür konstruierten die einheimischen Schiffszimmerer Holzdecken in der Form umgedrehter Schiffsbäuche (z. B. San Giacomo dall'Orio, San Polo) – eine venezianische Besonderheit, ebenso wie die statisch bedingten Holzbalken, die die Arkadenbogen aussteifen (z. B. Frari-Kirche, Santo Stefano).

RENAISSANCE

Der lombardische Stil (benannt nach der Baumeisterfamilie Lombardo) hielt Ende des 15. Jhs. Einzug und hinterließ in Venedig wahre Meisterwerke an Marmorintarsien und -fassaden (Ca' Dario).

Unübersehbar sind die verspielten Halbkreise, die Mauro Codussi besonders liebte (San Zaccaria, Scuola di San Marco). Er errichtete die Ca' Vendramin mit Fensterformen aus der toskanischen Renaissance und als ein Juwel der Frührenaissance den Palazzo Corner-Spinelli.

Mit der Hochrenaissance kam in der Person des Baumeisters Jacopo Sansovino der Geist Roms nach Venedig. Sein Bibliotheksbau macht die Inspirationsquellen venezianischer Kunst auf einen Blick erfassbar: die Markuskirche (Byzantinik aus dem Osten), der Dogenpalast (Gotik aus dem Norden) und die Bibliothek (Renaissance aus dem Westen).

Früh wie nirgendwo setzte aber schon nach Sansovino, der 1570 starb, ein Klassizismus, besser Historismus ein: Die antikisierende Geschossgliederung durch die räumliche Wirkung von Säulen und Bogen blieb verbindlich. Diese Formensprache wird durch Wiederholungen, die keine Imitationen sein wollen, vergröbert und vergrößert; Geschosse und Säulen wachsen an den Bauten, die die bisherige Baulinie übertrumpfen. So entstehen Kolosse, die dem Stadtbild aufgepfropft wirken; Ca' Pesaro, Ca' Labia, Palazzo Grimani, Ca' Rezzonico, Palazzo Grassi, Ca' Grande und Palazzo Pisani sind Variationen des gleichen Themas über 200 Jahre.

BAROCK IN VENEDIG?

Viele profane und sakrale Bauwerke Venedigs fallen in die Barockepoche, ohne Barockbauten zu sein. Deren Raumidee, in Rom um 1600 entstanden, ist in Venedig sehr selten, stattdessen findet man in der Stadt häufig einen barock-klassizistischen Mischtypus: klassizistische Fassaden, die mit plastischem Bauschmuck überladen sind (San Moisè, San Stae, Santa Maria del Giglio). Ein wahres Meisterwerk des Barock ist allerdings Santa Maria della Salute von Baldassare Longhena.

Giovanni Bellinis »Thronende Madonna mit Kind« in San Zaccaria

Weltliche Prachtbauten aus dem 18. Jh. gibt es kaum – die finanziellen Ressourcen der Venezianer waren in dieser Epoche erschöpft. Den letzten großen Palazzo baute Giorgio Massari 1748 für die Familie Grassi am Canal Grande – kurz darauf brachte Napoleon die Republik endgültig zu Fall.

MALEREI

Die Bindung an den orthodoxen Kanon Konstantinopels bewirkte, dass Venedig die neuen Kunstströmungen zunächst kaum wahrnahm. Florenz und Siena, selbst das epochale Werk Giottos in Padua vor der Haustür, blieben lange Zeit unbeachtet. Erst der Neubau des Dogenpalasts gab der Kunst neue Impulse. Man holte fortschrittliche Künstler in die Stadt, etwa Gentile da Fabriano aus den Marken, Pisanello, Paolo Uccello und Andrea del Castagno aus der Toskana.

BERÜHMTE KÜNSTLER

- **Jacopo Bellini** (1400–1471): Als Sohn eines Zinngießers geboren, übernahm der begabte Maler von seinem späteren Schwiegersohn Andrea Mantegna (1431–1506) die Stilprinzipien der Renaissance. Sein Sohn **Gentile Bellini** (1429–1507) erhielt von der Republik zahlreiche Aufträge und wurde sogar nach Konstantinopel geschickt. Und auch dessen Bruder **Giovanni Bellini** (1430–1516), berühmt für seine Darstellungen der Muttergottes, wurde zum Staatsmaler der Serenissima und schuf atemberaubende Gemälde, Altarbilder und Landschaften. Beide haben in der Kirche Santi Giovanni e Paolo ihre letzte Ruhestätte gefunden.
- **Antonello da Messina** (1430–1479): Er brachte mit dem neuen Realismus die Öltechnik nach Venedig. Er wirkte auf die andere große Malerfamilie, die **Vivarini** aus Murano: Beide Familien begründeten den Ruhm der venezianischen Malerei.
- **Vittore Carpaccio** (1455–1526): Als Sohn eines Pelzhändlers geboren, ist über Carpaccios Werdegang nur wenig bekannt. Man vermutet eine enge Beziehung zu den Bellini-Brüdern. Carpaccio gilt als Meister der erzählenden Malerei. Seine Werke schildern auf lebendige Weise Begebenheiten aus den Heiligenlegenden.
- **Giorgione** (1478–1510): Zusammen mit Tizian lernte Giorgione, der die Malerei revolutionierte, in der Werkstatt von Giovanni Bellini. Giorgione verzichtete auf die Anfertigung von Skizzen und malte stattdessen direkt auf die Leinwand. Die besondere Atmosphäre seiner Werke, etwa »Das Gewitter« (Accademia), entstand durch die farblichen Übergänge.
- **Tizian** (um 1488/90–1576): Als Neunjähriger wurde er in die Lehre geschickt, arbeitete in der Werkstatt von Gentile und Giovanni Bellini und

---

💬 SCUOLE – SCHULEN

Das historische Venedig kannte über 60 *scuole* – so hießen die Interessengemeinschaften von Gewerbetreibenden der Kaufmannsstadt, die sich seit Gründung der Republik hauptsächlich karitativen Zwecken widmeten – im Zeichen eines Schutzheiligen, einer Landsmannschaft oder einer Zunft. Die Gewerbe der Bruderschaften florierten, man errichtete eigene Versammlungshäuser, ein neuer Bautypus wurde geprägt: unten Ankunftshalle, oben Saal und Nebenräume mit Hospiz für Geschäftsbesuche. Der wohl nicht unansehnliche Profit floss auch in die luxuriöse Ausstattung. Namhafte Künstler wie Carpaccio, Tintoretto und Tiepolo schmückten die Innenräume mit Decken- und Wandgemälden. Einige dieser Bauten sind heute Museen. Die Scuola Grande di San Rocco › S. 100 mit Tintorettos grandiosem Gemäldezyklus und die Scuola Dalmata di San Giorgio degli Schiavoni › S. 122 mit Bildern von Carpaccio sind noch in Originalausstattung erhalten.

schuf 1508/09 gemeinsam mit Giorgione die heute nicht mehr existierenden Fresken am Fondaco dei Tedeschi. Tizian war getrieben von der Lust an der Farbe. Ein bedeutendes Frühwerk ist die »Assunta« in der Kirche Santa Maria Gloriosa dei Frari, wo Tizian 1576 beigesetzt wurde › S. 99.

- **Tintoretto** (1518–1594): Der Sohn eines Färbers *(tintore)* verbrachte sein ganzes Leben in Venedig, genauer in Cannaregio. Expressive Dramatik kennzeichnet seine Werke: Licht, Raum und Bewegung transzendieren in seiner Bildersprache die Darstellung selbst. Fast alle seiner großen Werke sind in Venedig zu bewundern. Auf keinen Fall verpassen: das »Abendmahl« in der Kirche San Giorgio Maggiore.
- **Paolo Veronese** (1528–1588): Der aus Verona stammende Künstler zählt zu den bedeutendsten Malern der Renaissance. Veronese gestaltete optimistische Diesseitigkeit in heiteren Himmeln. Da er die sakralen Bilder zum Teil mit lustbetonten Szenen versah, musste Veronese sich sogar vor der Inquisition rechtfertigen.
- **Tiepolo** (1696–1770): Der wohl bedeutendste venezianische Maler des Rokoko und Verehrer Veroneses arbeitete für mehrere bedeutende europäische Fürstenhäuser und wurde 1756 Präsident der gerade ins Leben gerufenen Accademia di Pittura e Scultura.
- **Canaletto** (1697–1768): Er kam mit der Malerei in der Werkstatt seines Vaters, der Bühnenbilder für Theateraufführungen schuf, in Kontakt. Berühmt wurde Canaletto durch seine fast fotorealistisch genauen Venedig-Veduten. Als Hilfsmittel benutzte er eine Camera obscura.
- **Pietro Longhi** (1702–1785): Er war ein malender Chronist des venezianischen Lebens im 18. Jh. Seine bisweilen humorvollen Genreszenen stellen eine hervorragende Quelle für das Studium der venezianischen Kultur- und Sittengeschichte dar.
- **Francesco Guardi** (1712–1793): Der von Canaletto beeinflusste Veduten- und Landschaftsmaler des Rokoko schuf zunächst Altarbilder, konzentrierte sich aber bald auf Venedig-Ansichten. Anders als Canaletto setzte er jedoch nicht auf die exakte Wiedergabe der Wirklichkeit, sondern ließ seiner Fantasie stellenweise freien Lauf.

THEATER UND LITERATUR

Venedig selbst brachte keine großen Dichter hervor, aber die Stadt hat über Jahrhunderte hinweg eine starke Faszination auf Schriftsteller aller Herren Länder ausgeübt. Ureigenste Erfindung der Lagunenstadt ist jedoch die **Commedia dell'arte**, die Stegreifkomödie. Sie lebt noch heute in den Karnevalsmasken fort: Die Dienerfiguren Harlekin und Brighella artikulieren in ihren nie endenden Kämpfen mit dem Kaufmann Pantalone und dem Doktor Mut und Unmut des Volkes. Aus Standardsituationen und Improvisationen bestanden die Abläufe, bis Carlo Goldoni (1707–1793) die Stoffe literarisch fasste und zum Reformator der italienischen Komödie wurde.

Kaum jemand hat die Schönheit und Exklusivität der Lagunenstadt so eindringlich erfasst wie der russische Dichter und Literaturnobelpreisträger **Joseph Brodsky.** In seinen Impressionen »Ufer der Verlorenen« (Fischer TB, 2011) durchdringt er das winterliche Venedig in all seinen Facetten und Schattierungen. In »Die Stadt der fallenden Engel« (Pendo, 2006) verknüpft der Amerikaner **John Berendt** die Geschichte der Serenissima mit dem Leben ihrer glamourösen und exzentrischen Bewohner.

FESTE & VERANSTALTUNGEN

Schon zu Zeiten der Republik feierte Venedig rauschende Feste, die von Malern wie Guardi und Canaletto in Szene gesetzt wurden. An der Feierfreude der Stadt hat sich bis heute nicht viel geändert.

Feste finden das ganze Jahr über statt, vorzugsweise im Sommer. Herausragende Ereignisse sind die Kulturveranstaltungen der Biennale › S. 124, und im Winter natürlich der Karneval › S. 59.

FESTKALENDER

1. Januar: Capodanno, Neujahr. Ein paar furchtlose *ibernisti* (Winterschwimmer) begrüßen das neue Jahr auf kuriose Weise: Sie ziehen sich aus und dann warm an, um einen Sprung ins kalte Meer am Lido zu riskieren.

6. Januar: Epifania, Dreikönigstag. Regatta und Kinderfest.

Februar/März: Der **Carnevale** beginnt zwölf Tage vor Aschermittwoch, das Hauptgeschehen konzentriert sich allerdings auf die letzten fünf Tage. Dann verwandelt sich die Stadt in ein einziges Theater – Maskentreiben in einem Mammutveranstaltungsprogramm, das jedes Jahr unter einem bestimmten Motto steht (www.carnevale.venezia.it).

März/April: Pasqua, Ostern. Kreuzweg-Jesu-Prozession am Karfreitag.

April: »Su e zo per i ponti«, »Die Brücken rauf und runter«, nennt sich ein Stadtlauf, der jedes Jahr Besucherrekorde meldet.

Zu den klassischen Figuren des venezianischen Karnevals gehört der Harlekin

Eine beeindruckende Prunkbarken-Parade eröffnet die Regata Storica im September

Von San Marco aus durchwandern die Teilnehmer alle Stadtteile und werden anschließend mit einer Urkunde belohnt, die bei Schulklassen von nah und fern hoch im Kurs steht. Das Fest klingt mit einem Essen aus, an dem jeder teilnehmen kann (www.suezo.it). > mehr S. 12 Punkt ❻

25. April: Tag der Befreiung Italiens und Festa di San Marco. Zu Ehren des Stadtpatrons wird in der Markuskirche ein Hochamt abgehalten, und auf dem Canal Grande rudern die Gondolieri bei der Regata dei Traghetti um die Wette. Auf dem Markusplatz herrscht Volksfeststimmung; Verliebte und Verlobte schenken ihren Mädchen eine Rosenknospe, den *bocolo*.

1. Mai: Festa del Lavoro, internationaler Tag der Arbeit.

2. oder 3. Sonntag im Mai: Vogalonga. Manifestation für den motorlosen Verkehr: Alle mit Muskelkraft zu bewegenden Bootsklassen werden für dieses große Volksfest auf dem Wasser aktiviert. Rund 30 km lang ist die Strecke vom Markusplatz nach Burano und wieder zurück nach San Marco (www.vogalonga.it).

2. Juni: Festa della Repubblica, italienischer Nationalfeiertag.

1. Sonntag nach Christi Himmelfahrt: Festa della Sensa. Zugrunde liegt diesem Event ein altes Seefest der Republik, wo der Doge bei San Nicolò auf dem Lido seinen Ring ins Wasser warf, um die symbolische Vermählung Venedigs mit dem Meer zu erneuern. Heute ist der Bürgermeister für diese Zeremonie zuständig.

3. Sonntag im Juli: Festa del Redentore. Das populäre Ereignis geht auf ein Pestgelübde von 1576 zurück; am dritten Juliwochenende verbindet eine Pontonbrücke die Redentore-Kirche auf der Giudecca mit den gegenüberliegenden Zattere; am Samstagabend kommen die mit Girlanden und Lampions geschmückten Boote der Einheimischen zum Giudecca-Uferstreifen; man isst und trinkt auf den Booten, scherzt mit den Nachbarn und wartet auf das Abschlussfeuerwerk. Danach feiern die Unermüdlichen auf dem Lido weiter bis zum Sonnenaufgang.

15. August: Ferragosto, Mariä Himmelfahrt. Wie in ganz Italien wird an diesem Tag auch in Venedig das Ende der Sommerferien mit einem großen Feuerwerk auf dem Lido gefeiert.

Ende August/Anfang September: Internationale Filmfestspiele auf dem Lido und in den Kinos der Stadt > S. 125.

September: Regata Storica. Das wohl spektakulärste Wasserfest des Jahres am ersten Septemberwochenende: Prächtige historische Bootstypen mit Besatzung in traditionellen Kostümen kreuzen auf dem Canal Grande vor den Prominententribünen. Im Mittelpunkt des Events steht die Regatta der verschiedenen Bootsklassen; wer die Storica gewinnt, ist Held für ein Jahr (www.regatastoricavenezia.it). Mit der **Regata di Murano** wird eine Woche später Revanche genommen für die Regata Storica, diesmal auf Murano.

1. und 2. November: Ognissanti, Allerheiligen, und **Giorno dei Morti,** Allerseelen.

21. November: Die **Festa della Salute** geht, wie das Redentore-Fest, auf ein Pestgelübde zurück: Beim Gritti Palace Hotel wird eine Holzbrücke über den Canal Grande errichtet. Eine Prozession bringt die Schwarze Madonna der Pestkirche Santa Maria della Salute nach San Marco und wieder zurück; ein Jahrmarkt umrahmt das Fest.

8. Dezember: Immacolata Concezione, Mariä Empfängnis.

25. Dezember: Natale, Weihnachten.

26. Dezember: Santo Stefano, Tag des Hl. Stefan.

💬 KARNEVAL IN VENEDIG

Es sind zauberhafte Szenen, die sich im Februar auf den Brücken, in den engen, oft regennassen Gassen und vor den historischen Palazzi abspielen. Geheimnisvolle Masken der Commedia dell'Arte und farbenprächtige, kunstvolle Kostüme auf lautlos dahingleitenden Gondeln – der venezianische Karneval ist legendär! Für zehn Tage verwandelt er die Lagunenstadt in den wohl schillerndsten Maskenball der Welt (Infos: www.carnevale.venezia.it).

Bereits im Mittelalter feierten die Venezianer vor dem Beginn der langen Fastenzeit ihren Karneval. Für kurze Zeit verschwanden die Standesunterschiede: Hinter raffinierten und aufwendigen Masken wurden Bettler zu Königen, Marktfrauen zu Komtessen. Als die rauschenden Maskenbälle und das Spiel der Gaukler und Musiker in den Gassen gar kein Ende mehr nehmen wollten und das respektlose Treiben schließlich den ganzen Winter über andauerte, verbot Napoleon 1797 den Mummenschanz. Doch seit den 1980er-Jahren ist der Karneval zurückgekehrt in die Lagunenstadt, und mit ihm Abertausende von Besuchern. Während mittlerweile viele Venezianer die Stadt für die Dauer des Karnevals verlassen, sind es heute in erster Linie Touristen aus der ganzen Welt, aber auch aus anderen Teilen Italiens, die hier in eindrucksvollen Kostümen posieren. Barockmusik, Maskenbälle, Theater und ein furioses Feuerwerk, das jeweils am Dienstag das bildgewaltige Spektakel beendet: Das ist »Il Carnevale di Venezia«.

In Venedig gibt es 175 Kanäle mit einer Gesamtlänge von knapp 40 km – besonders reizvoll sind die kleinen Wasserstraßen abseits des Canal Grande

TOUREN & SEHENSWERTES

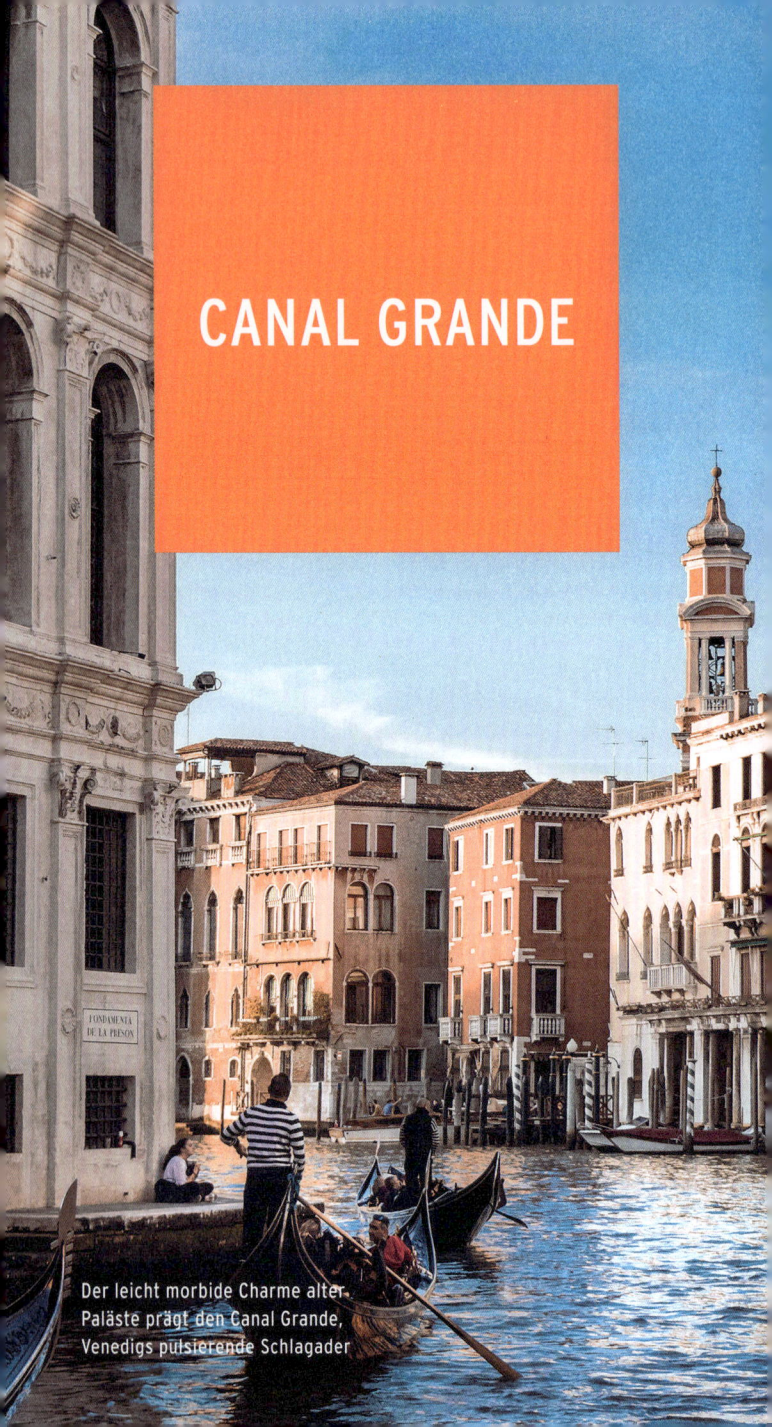

CANAL GRANDE

Der leicht morbide Charme alter
Paläste prägt den Canal Grande,
Venedigs pulsierende Schlagader

Eine Fahrt mit dem Vaporetto über den Canal Grande ist zu jeder Tages- und Jahreszeit ein besonderes Erlebnis. Wie an einer Perlenkette aufgereiht säumen Paläste und Kirchen die Prachtwasserstraße Venedigs.

TOUR 1

ÜBER DEN CANAL GRANDE

VERLAUF: Bahnhof Santa Lucia › Rialto › Ponte dell'Accademia › San Marco

KARTE: Seite 72

DAUER: Ca. 30 Min. dauert die Tour mit dem Vaporetto. Wer den einen oder anderen Museumspalazzo besichtigen möchte, sollte mindestens einen halben Tag einplanen.

PRAKTISCHE HINWEISE:

- Die Vaporetti sind tagsüber sehr voll. Wer weder stehen noch drinnen sitzen und in aller Ruhe fotografieren möchte, unternimmt die Tour am besten am frühen Morgen.
- Lösen Sie ein 24-Stunden-Ticket › S. 27, wenn Sie mehrere Fahrtunterbrechungen planen.

TOUR-START:

Bei einer Fahrt über den Canal Grande, der in einer großen S-förmigen Schleife von 3800 m Länge Venedig in zwei Hälften teilt, gleitet man an einzigartigen Architektur-denkmälern vorbei: Über 200 Paläste und viele Kirchen säumen die berühmteste Wasserstraße der Welt. Die Venezianer legten die Schauseiten ihrer Wohn- und Handelshäuser an die Wasserfront. Venedig lag sehr geschützt und konnte sich daher einen eigenen Baustil erlauben – offen und repräsentativ.

AN DER STAZIONE SANTA LUCIA **1** 📕 B3

Am Ausgangspunkt der Fahrt lohnt zuerst ein Blick auf den **Ponte della Costituzione** 📕 B3. Die 94 m lange, elegant geschwungene vierte Brücke über den Canal Grande, die den Bahnhof mit dem Piazzale Roma verbindet, wurde am 11. September 2008 eröffnet. Nach dem Architekten Santiago Calatrava wird sie inoffiziell auch »Ponte di Calatrava« genannt. 11,2 Mio. Euro hat das skandalträchtige Bauwerk gekostet, an dessen Architektur sich die Geister scheiden und das sich Kritikern zufolge als überflüssige und unsinnige Investition entpuppt hat.

Gegenüber dem Bahnhof fällt die Säulenvorhalle der Kirche **San Simeone Piccolo** **2** 📕 B3 auf: Das Pantheon in Rom war Vorbild für diesen Kuppelbau (1718–1738). Man sagt, dem Vedutenmaler Canaletto habe an dieser Stelle etwas für sein Bild gefehlt, und so habe er das kleine Pantheon »erfunden«. Die Venezianer sollen es dann nach seinem Bild erbaut haben.

Auf der Bahnhofsseite erhebt sich kurz vor der Brücke die Fassade der im Ersten Weltkrieg fast vollständig zerstörten Kirche **Santa Maria degli Scalzi** **3** ▮ B3 › S. 105, in der Ludovico Manin, der letzte Doge Venedigs, begraben ist.

RIVA DI BIASIO BIS SAN STAE

Gegenüber der Anlegestelle Riva di Biasio erblickt man die Kirche **San Geremia** **4** ▮ C3 › S. 105. Linker Hand der Station **San Marcuola** liegt die gleichnamige Kirche **5** ▮ C2/3 aus dem 18. Jh., vis-à-vis ein Musterbeispiel der venezianischen Baukunst im byzantinischen Stil: der **Fondaco dei Turchi** **6** ▮ C3 › S. 97, in dem heute das Museum für Naturgeschichte untergebracht ist. Gegenüber steht der **Palazzo Vendramin-Calergi** **7** ▮ C3, ein wuchtiger Renaissancebau von Mauro Codussi. Hier starb am 13. Februar 1883 Richard Wagner in den Armen seiner geliebten Cosima. Ein kleines Museum erinnert an den berühmten Komponisten. Heute ist in dem eleganten Palazzo das Spielkasino untergebracht.

Die nächste Anlegestelle heißt San Stae › S. 97. Auf diesem Ufer folgt die **Ca' Pesaro** ▮ D3 › S. 97, eine Schöpfung Baldassare Longhenas (1598–1682) und nach dem Dogenpalast der größte Palast Venedigs. 1628 begonnen, wurde die Ca' Pesaro erst Anfang des 18. Jhs. vollendet. Sie beherbergt heute die Galerie für moderne Kunst.

CA' D'ORO BIS RIALTO

Die nächste Anlegestelle ist nach einem Juwel der gotischen Baukunst in Venedig, der **Ca' d'Oro** **8** ▮ D3 › S. 111 benannt. Der Palast, dessen Fassade einst vergoldet war, entstand zwischen 1422 und 1440 und gibt heute den Rahmen für ein sehenswertes Kunstmuseum ab.

Kurz vor der Rialtobrücke wird Venedigs schönster Markt abgehalten (Anlegestelle Rialto Mercato, › S. 94). In der Mitte der 25 Bogen zur Kanalfront wird der Blick aufs andere Ufer reich belohnt: Die **Ca' da Mosto** **9** ▮ D3 (13. Jh.) zeigt sich im veneto-byzantinischen Stil. Bis zum Ende der Republik 1797 stiegen hier, im damaligen Gasthof Leon Bianco, sogar gekrönte Häupter wie Kaiser Joseph II. ab.

Der Canal Grande setzt jetzt zu der scharfen Rechtskurve an, die zur Rialtobrücke führt. Rechts vor der Brücke sieht man den **Palazzo dei Camerlenghi** ▮ D3 › S. 90, nach dem schweren Brand von 1513 errichtet, der große Teile des Rialto-Viertels zerstörte. Vis-à-vis erhebt sich die Wasserfront des 1508 fertiggestellten **Fondaco dei Tedeschi** ▮ D3 › S. 90. Der ehemalige Handelshof der deutschen Kaufleute war lange Hauptpost, 2008 kaufte die Benetton Group das Gebäude. 2016 wurde es als Luxuskaufhaus des Konzerns LVMH mit Café-Restaurant im Atrium und Dachterrasse mit tollem Blick neu eröffnet.

Mit der **Rialtobrücke** › S. 90 folgt die weltberühmte Kanalbrücke, die bis vor etwa 150 Jahren den einzigen Übergang über den Canal

Grande darstellte. Hier entfaltete sich das Geschäftszentrum der blühenden Republik. Bedeutung für den heutigen Handel hat als Sitz der Banca d'Italia der **Palazzo Dolfin-Manin** 10 📖 D4 (16. Jh.) im Stil der Renaissance. Im gotischen **Palazzo Bembo** 📖 D4 (15. Jh.) nebenan werden Wechselausstellungen zeitgenössischer Kunst gezeigt.

RIALTO BIS SAN SILVESTRO

Auf demselben Ufer folgt mit der **Ca' Farsetti** 11 📖 D4 › S. 90 erneut einer der prunkvollen, byzantinisch geprägten Bauten. Die Bogen erscheinen nicht nur dort, wo sie statisch notwendig sind, sondern gliedern als dekorative Elemente die ganze Fassade. So entsteht eine harmonisch durchdachte Reihung wie im Wassergeschoss der Ca' Farsetti, in der heute Venedigs Rathaus *(municipio)* seinen Sitz hat.

Gegenüber, neben dem Anleger San Silvestro, steht mit dem Ziegelbau des **Palazzo Barzizza** 12 📖 D4 ein weiterer Prototyp eines veneto-byzantinischen Hauses (12./13. Jh.); die kunstvoll gestaltete Fensterpartie im Balkongeschoss stammt noch aus der Entstehungszeit.

Das Dach des Fondaco dei Tedeschi ist eines der wenigen öffentlichen Rooftops Venedigs

Der Palazzo Grassi bietet als Ausstellungsort viel Platz, ein in Venedig seltenes Gut

Auf der anderen Seite ragt die kolossale Fassade des **Palazzo Grimani** 13 📖 D4 empor, den der Veroneser Michele Sanmicheli Mitte des 16. Jhs. schuf und der heute den Appellationsgerichtshof beherbergt. Daneben steht, getrennt vom Rio di San Luca, die elegante spätgotische Loggia des **Palazzo Corner Contarini dei Cavalli** 14 📖 D4 (15. Jh.).

SANT'ANGELO UND SAN TOMÀ

Ein besonderes Schmuckstück der Spätgotik ist der 1568/69 fertiggestellte **Palazzo Barbarigo della Terrazza** 15 📖 C4, der an seiner Terrasse zu erkennen ist. Brunetti-Fans aufgepasst: Die Terrasse, auf der der Commissario mit seiner Familie oft zu Abend isst, liegt vis-à-vis des Palazzo della Terrazza, ein wenig nach hinten versetzt. Neben der Anlegestelle Sant'Angelo errichtete Mauro Codussi Ende des 15. Jhs. den **Palazzo Corner-Spinelli** 16 📖 C4: un

übertreffliche Eleganz der Frührenaissance.

Von der Anlegestelle San Tomà aus blickt man am anderen Kanalufer auf die Front der vier **Palazzi Mocenigo** 17 📖 C4. Beim ersten, einem Renaissancebau, setzen blaue Markisen Farbtupfer, die die helle Fassade betonen. Im zweiten, etwas breiteren und nicht so spektakulären, wohnte Lord Byron mit seiner Geliebten. Man erkennt das Haus an den Löwenköpfen, die sich über die gesamte Breite ziehen.

SAN TOMÀ UND CA' REZZONICO

An der Kanalbiegung mündet rechts der Rio di Ca' Foscari ein; nach der Mündung folgt der Komplex der **Ca' Foscari** 18 📖 C4 › S. 102, heute Hauptsitz der Universität. Der Palast gehört zu den letzten der Spätgotik. Der Doge Foscari (1423 bis 1457) ersteigerte 1452 den Vorgängerbau, ließ ihn abreißen und in der jetzigen Gestalt neu aufbauen. Er selbst erlebte jedoch die Vollendung des prächtigen Palazzo nicht mehr; nach fast 35-jähriger Regierungszeit wurde er abgesetzt und starb aus Gram über die Wahl seines Nachfolgers.

Die **Ca' Rezzonico** `19` 🏛 **C4** › S. 102 kurz vor der gleichnamigen Anlegestelle ist ein Werk von Baldassare Longhena aus der Mitte des 17. Jhs. in monumentalem Klassizismus. Die Inneneinrichtung des 18. Jhs. blieb erhalten (Museo del Settecento Veneziano).

Direkt gegenüber liegt der monumentale **Palazzo Grassi** `20` 🏛 **C4** › S. 86. Er gilt als Musterbeispiel der klassizistischen Architektur des 18. Jhs. und wurde vom Stararchitekten Tadao Ando mit viel Fingerspitzengefühl umgebaut. Überdimensionale Kunstobjekte machen deutlich, welche Ausstellung hier gerade zu sehen ist.

Rechts daneben reckt sich mit dem Campanile der ehemaligen Kirche **San Samuele** 🏛 **C4** einer der ältesten Glockentürme von Venedig (12. Jh.) in den Himmel. Hier soll Giacomo Casanova kurzzeitig als Priester tätig gewesen und volltrunken von der Kanzel gefallen sein.

Wieder auf dem rechten Ufer, folgt mit dem **Palazzo Loredan dell' Ambasciatore** `21` 🏛 **C5** eine spätgotische Konstruktion (15. Jh.). In diesem einst für seine Kunstsammlung berühmten und für zügellose Festlichkeiten berüchtigten Bau residierten während des 18. Jhs. die kaiserlichen Botschafter; von da leitet sich auch der Beiname »dell'Ambasciatore« ab.

PONTE DELL'ACCADEMIA BIS ANLEGER SAN MARCO

Wer zum Ponte dell'Accademia blickt, sieht rechter Hand die schlanke, aufstrebende Fassade der ehe-

---

💬 LEBENSLÄNGLICH UNTER AUFSICHT: DER DOGE

Der erste Doge von Venedig, Paolo Lucio (auch Paoluccio) Anafesto, wurde im Jahr 697 von der Volksversammlung gewählt und war ein rein militärischer Führer. Mit dem Aufstreben des Gemeinwesens wurde die Funktion politisch, mit der Ablösung der Volksversammlung durch den Großen Rat der Patrizier wachte dieser sehr kritisch über den auf Lebenszeit gewählten Dogen, dessen Amt nie erblich wurde. Der Doge durfte keinen Handel treiben, musste reich sein, um die Repräsentationsverpflichtungen aus eigener Tasche bezahlen zu können, und er durfte keine Geschenke annehmen. Sein Leben regelte ein strenges Zeremoniell, das ihn mit kirchlichen und weltlichen Terminen eindeckte. Für jeden Anlass waren bestimmte Kleidungsstücke vorgeschrieben – beispielsweise das hornförmige Barett für den Osterbesuch bei den Nonnen von San Zaccaria. Das Staatsoberhaupt der Serenissima stand ständig unter Aufsicht und hatte nie Ausgang – aber mit dem Dogenpalast auch wahrlich kein schlechtes Domizil.

maligen Kirche **Santa Maria della Carità**. Im rechten Winkel dazu erstreckt sich die Fassade der berühmten **Gallerie dell'Accademia** `22` ▮ C5 › S. 129, der bedeutendsten venezianischen Gemäldesammlung.

Gleich nach der Brücke steht linker Hand der **Palazzo Cavalli-Franchetti** `23` ▮ C5 mit aufwendig gestalteter Fensterzone (15. Jh.), heute Sitz des Istituto Veneto di Scienze, Lettere ed Arti, das regelmäßig Kulturevents veranstaltet.

Am gegenüberliegenden Kanalufer sieht man als zweites Gebäude nach der Brücke den **Palazzo Contarini dal Zaffo** `24` ▮ C5, ein Musterbeispiel für die lombardische Architektur des späten 15. Jhs.

Auf derselben Seite folgt nach der Einmündung des Rio San Vio ein Unglücksfall für den Canal Grande und die ganze Stadt: Die imitierten Mosaiken an der Fassade des **Palazzo Barbarigo** `25` ▮ C5 aus dem Jahr 1887 stören das ansonsten harmonische Gesamtbild.

Gegenüber erblickt man den **Palazzo Corner Ca' Grande** `26` ▮ D5, das »große Haus«. Sansovino hat es (nach 1532, als der Vorgängerbau abbrannte) entworfen. Das Untergeschoss auf dem Wasser ist stilistisch von den oberen abgesetzt, die durch klassische Säulenordnungen hervorgehoben werden. Der ehemalige Besitz der Familie Corner dient heute der Verwaltung der Provinz und als Präfektur.

Am rechten Ufer direkt vis-à-vis sieht man einen Flachbau mit einem Garten dahinter: den unvollendeten **Palazzo Venier dei Leoni** `27` ▮ D5.

Der ehemalige Wohnsitz von Peggy Guggenheim ist heute Ausstellungsgebäude › S. 130 und beherbergt die hochkarätige Kunstsammlung, die sie bis 1979 zusammentrug.

Auf demselben Ufer kommt mit der **Ca' Dario** `28` ▮ D5 wieder eine Perle der Frührenaissance ins Blickfeld. Auf dem Palast soll ein Fluch liegen – alle bisherigen Inhaber und Bewohner waren vom Unglück verfolgt. Mord, Selbstmord, Unfälle – bis in die jüngste Vergangenheit, als Christopher »Kit« Lambert, Manager von »The Who«, den Palast erwarb und kurz darauf bei einem Sturz von einer Treppe starb, reihen sich die tragischen Ereignisse

Wieder auf dem anderen Kanalufer, erkennt man leicht den **Palazzo Pisani-Gritti** `29` ▮ D5. Hinter ihm mündet ein Seitenkanal in den Canal Grande, das dritte Haus danach ist der zierliche **Palazzo Contarini-Fasan** `30` ▮ D5. Seine Balkonbrüstungen sind mit radartigen Elementen verziert. Hier soll Desdemona gewohnt haben, die mit Shakespeares Tragödie »Othello« in die Weltliteratur einging.

Die Bauten auf der anderen Seite laufen in den alten Zollgebäuden und der **Punta della Dogana** › S. 132 aus, wo 2009 das Museum für zeitgenössische Kunst eröffnet wurde.

Auf der Gegenseite sticht die **Ca' Giustinian** `31` ▮ D5 im Stil der Spätgotik heraus (15. Jh.). Die Fahrt endet an der Anlegestelle San Marco Vallaresso, wo man in der legendären Harry's Bar › S. 83 die Eindrücke der Fahrt bei einem Bellini Revue passieren lassen kann.

SAN MARCO

Der Markusplatz ist ein begehbares Wunder – 400 Jahre
wurde an ihm gebaut, seither blieb er unverändert

Der Markusplatz mit der Basilica San Marco und dem Dogenpalast symbolisiert die Größe und Macht der Seerepublik. Nördlich erstreckt sich Venedigs Geschäftsviertel, westlich feiert das berühmte Teatro La Fenice seine zweite Auferstehung aus der Asche.

San Marco, einstmals das politische Zentrum der Serenissima, bildet bis heute den Hauptanziehungspunkt für Touristenscharen aus aller Herren Länder. Die Piazza San Marco mit der überwältigend schönen Basilica di San Marco und dem imposanten Dogenpalast zählt zu den großartigsten Attraktionen der Lagunenstadt.

Neben bedeutenden Museen wie dem Museo Correr, dem Museo Fortuny und dem Palazzo Grassi sind hier zugleich wichtige Bühnen angesiedelt: das berühmte Gran Teatro La Fenice, das nach dem verheerenden Brand 1996 wie ein Phönix aus der Asche auferstanden ist, sowie das Teatro Goldoni.

Vor allem aber ist San Marco das geschäftigste aller Stadtsechstel mit einem geradezu schwindelerregenden Warenangebot. In den Gassen zwischen San Marco und Rialto schieben und drängeln sich Abertausende von Menschen durch die engen Einkaufsgassen. Designergeschäfte und Boutiquen haben in den Mercerie ebenso ihren Sitz wie die vielen Kunsthandwerkgeschäfte, die Muranoglas, Karnevalsmasken, Lederwaren und Spitzen anbieten, und natürlich zahllose Souvenirläden mit allerlei Nippes. Doch auch in San Marco gibt es beschauliche Plätze und ruhige Gassen, wenn man sich von den Haupteinkaufsstraßen ein wenig entfernt.

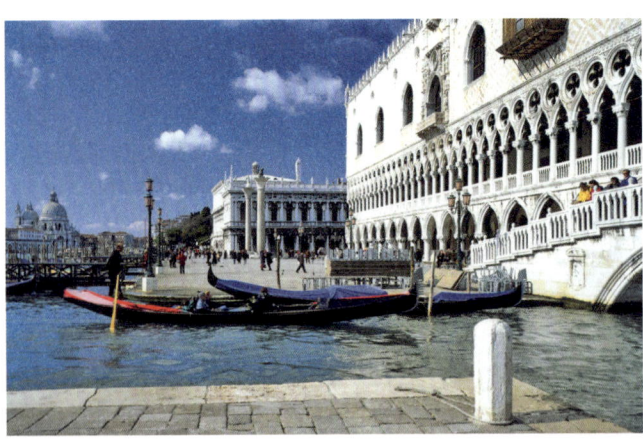

Der Dogenpalast war die Schaltzentrale der einstigen Weltmacht

TOUREN IN SAN MARCO

RUND UM DIE PIAZZA SAN MARCO

VERLAUF: Museo Civico Correr ›
Basilica di San Marco › Palazzo
Ducale › Torre dell'Orologio

KARTE: Seite 72
DAUER: 1 Tag
PRAKTISCHE HINWEISE:

- Ausgangs- und Endpunkt: Vaporetto-Station San Marco/Vallaresso.
- Vor der Besichtigung der Markusbasilika müssen Rucksäcke und Taschen abgegeben werden (Ateneo San Basso, der Weg ist ausgeschildert).
- Auf korrekte Kleidung achten: Schultern und Knie sollten bedeckt sein.
- Das Fotografieren ist in der Markusbasilika verboten!
- Wer die Museen am Markusplatz besuchen möchte, fügt seinem **Venezia Unica City Pass** den Baustein **Museen an der Piazza San Marco** hinzu › S. 153.

TOUR-START:

Das eindrucksvolle Ensemble von Markusplatz, Markusbasilika und Dogenpalast ist das Herz Venedigs. Berühmt sind die traditionsreichen Cafés Florian, Quadri und Lavena › S. 75, wo schon Goethe, Rilke und Thomas Mann ihren Kaffee getrunken haben. Hier nippt man zu Orchestermusik an sündhaft teurem Kaffee und genießt das einzigartige Panorama samt flatternder Tauben. Für die Livemusik in den Cafés zahlt man übrigens extra.

PIAZZA SAN MARCO ⭐

Der Markusplatz ist der schönste Platz der Stadt – und der einzige Venedigs, der sich Piazza nennen darf, alle anderen heißen Campo. › mehr S. 15 Punkt **㉑** Auf der L-förmig angelegten Piazza wurden zur Zeit der Serenissima rauschende Feste gefeiert, hier befanden sich rund 24 Kaffeehäuser, und hier bauten die Händler ihre Marktstände auf. Die Gebäudeflügel, die den Markusplatz rahmen, sind die Procuratie. Im linken Flügel, den **Procuratie Vecchie** 32 📕 D/E4, waren vom 16. Jh. an die höchsten Verwaltungsbeamten der Republik untergebracht; der rechte Flügel, die **Procuratie Nuove** 33 📕 D/E4, war erst Verwaltungssitz und diente nach dem Ende der Republik als Kaiserresidenz.

Den schönsten Eindruck vom Markusplatz gewinnt man unter der **Ala Napoleonica** 34 📕 D4, dem von Napoleon verfügten Abschluss der Piazza, die er als »schönsten Salon Europas« bezeichnete – was ihn jedoch nicht daran hinderte, eingreifende bauliche Veränderungen vorzunehmen. In diesem Flügel befindet sich auch der Eingang zum Museo Civico Correr.

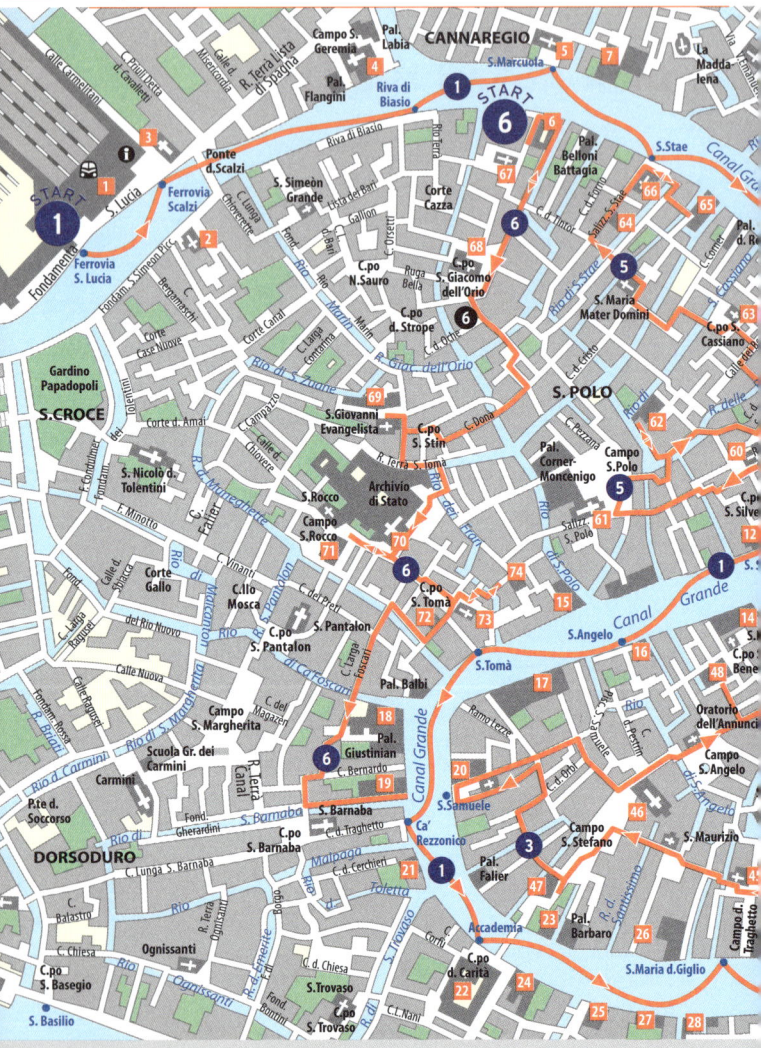

TOUREN CANAL GRANDE, SAN MARCO, SAN POLO & SANTA CROCE

TOUR 1

ÜBER DEN CANAL GRANDE

1 Stazione Santa Lucia
2 San Simeone Piccolo
3 Santa Maria degli Scalzi

4 San Geremia
5 San Marcuola
6 Fondaco dei Turchi
7 Palazzo Vendramin-Calergi
8 Ca' d'Oro
9 Ca' da Mosto
10 Palazzo Dolfin-Manin

11 Ca' Farsetti
12 Palazzo Barzizza
13 Palazzo Grimani
14 Palazzo Corner Contarini dei Cavalli
15 Palazzo Barbarigo della Terrazza

MUSEO CIVICO CORRER 35 ▮ D4

Das Museum besitzt zwei Sammlungen: das **Museum zur Kulturge-
schichte Venedigs** mit zahlreichen
Dokumenten, Münzen, Waffen und
Gemälden sowie eine **Gemäldega-
lerie** mit Werken aus der Kunstsammlung von Teodoro Correr; sie
umfasst Kunstschätze des 14. bis
19. Jhs., darunter das berühmte Gemälde »Zwei Venezianerinnen« von
Carpaccio. Ein Publikumsmagnet
sind auch die Gemächer von Kaise-
rin Sissi (San Marco 52, April–Okt.
tgl. 10–19, Nov.–März 10–17 Uhr,
www.correr.visitmuve.it).

BIBLIOTECA MARCIANA 36 ▮ E4

Die Markusbibliothek mit ihrem
Bestand von über 750 000 Bänden,
darunter 13 000 Handschriften, sowie das **Museo Archeologico** erreicht man über das Museo Correr.

Der Florentiner Baumeister Jacopo Sansovino wollte den Neubau
von 1537 *alla romana* gestalten. Als
1545 die Decke einstürzte, wurden
die Arbeiten jedoch ausgesetzt, der
Künstler vorübergehend in den Kerker geworfen. Die Bibliothek zeigt

bedeutende Schriftstücke, darunter
eine mit Kommentaren versehen
Ausgabe der »Ilias«.

Das reich dekorierte Treppenhaus
der Bibliothek eifert dem des Dogenpalasts nach. Im Vestibül schaut
von der perspektivischen Decke
Tizians »Sapienza« (Weisheit) her-
ab; die *Sala dorata* überwölbt eine
Golddecke mit 21 Medaillons – sieben Künstler malten unter Tizians
Aufsicht, Paolo Veronese (6. Reihe)
ging als Sieger aus dem Wettstreit
hervor (San Marco 7, Mo–Fr 8–19,
Sa 8–13.30 Uhr, http://marciana.
venezia.sbn.it).

LOGGETTA 37 ▮ E4

Wie ein Podest für den Campanile
wirkt die Loggetta. Während der
Sitzungen des Großen Rats diente
die Bogenhalle als Unterstand der
Palastwache.

CAMPANILE 38 ⭐ ▮ E4

Absolut lohnend ist die Fahrt auf
den Campanile. Ein Fahrstuhl er-
klimmt das Klangarkadengeschoss
des 98 m hohen Backsteingiganten,
der im 12. Jh. errichtet wurde, 1902

aber ganz unerwartet einstürzte und nach originalen Plänen wiederaufgebaut wurde. Bereits im 9. Jh. soll hier, am einstigen Uferbecken, ein Wacht- oder Leuchtturm gestanden haben (Piazza San Marco, Ostern–Mitte Juni tgl. 9–19, Mitte Juni–Aug. 8.30–21.30, Sept. bis 19.45 Uhr, sonst kürzer, 12 €).

BASILICA DI
SAN MARCO 39 ⭐2 ▮ E4

Das bedeutendste sakrale Bauwerk Venedigs ist ein Gesamtkunstwerk von vollendeter Schönheit. Die Markusbasilika besitzt das größte zusammenhängende Mosaik der Welt und versinnbildlicht bis heute die Größe und Macht der venezianischen Republik. Im Jahr 828 war es venezianischen Kaufleuten gelungen, die Gebeine des hl. Markus aus Alexandria zu stehlen und, bedeckt mit Schweinefleisch, an den muslimischen Zöllnern vorbeizuschmuggeln. Der Legende nach kam der

Evangelist Markus als Schiffbrüchiger auf einer Laguneninsel wieder zu sich, nachdem ihm im Traum ein Engel mit den Worten »Pax tibi, Marce, evangelista meus« (»Friede mit dir, Markus, mein Evangelist«) erschienen war. Für ihren Schutzpatron baute die Stadt ihre erste große Kirche (Mo–Sa 9.30–17, So, Fei Ostern–Okt. 14–17, Nov.–Ostern 14–16.30 Uhr, Eintritt frei, Pala d'Oro und Tesoro Mo–Sa 9.35–17 bzw. 9.35–16.45, So, Fei 14–17 bzw. 14–16.30 Uhr, Pala d'Oro 2 €, Tesoro 3 €, www.basilicasanmarco.it).

BAUGESCHICHTE

Die erste Markusbasilika wurde 832 geweiht; der Bau in der heutigen Gestalt ist San Marco III, begonnen 1063, geweiht 1094. Vorbild war die später zerstörte Apostelkirche in Konstantinopel: Der Grundriss ist ein griechisches Kreuz mit vier gleich langen Armen, an der Schauseite eine zweistöckige Vorhalle, in

---

💬 BERÜHMTE KAFFEEHÄUSER

Auf dem Markusplatz wurde 1683 das erste europäische Kaffeehaus eröffnet. Nachdem Kaffee lange Zeit als bitter schmeckende Medizin galt, entdeckte man im 17. Jh. seine besonderen Vorzüge als anregendes Genussmittel. Dank der guten Verbindungen zum Osmanischen Reich blühte fortan der Handel mit Kaffeebohnen; Kaffeehäuser schossen in Venedig wie Pilze aus dem Boden. Drei davon existieren bis heute am Markusplatz: **Florian, Quadri** und **Lavena.** Viele prominente Schriftsteller, Künstler und Musiker tranken hier schon ihren Kaffee bei Salonmusik, darunter auch Richard Wagner, der übrigens das Lavena bevorzugte. Am berühmtesten aber ist zweifellos das 1720 eröffnete Caffé Florian mit seinen roten Plüschsitzen und den schweren Spiegeln. Zu den illustren Gästen zählten u. a. Casanova, Goethe und Rousseau. Wer heute hier einkehrt, sollte sich allerdings auf gesalzene Preise einstellen – für die Salonmusik zahlt man extra.

jeweils fünf Arkaden gegliedert. Im 13. Jh. erfolgte eine Anpassung an den Zeitstil der Romanik.

Die in Byzanz erbeuteten vier vergoldeten Bronzepferde krönen die Loggia (Original im Museo Marciano › S. 77). Im Zuge der Umbauarbeiten im gotischen Stil zu Beginn des 15. Jhs. erhielt die Fassade Spitzbogen, Figurenschmuck und schmalgliedrige Türmchen. Die Verkleidung der ursprünglichen Ziegelsteinfassade mit feinstem Marmor und der Bauschmuck mit erlesensten Kunstwerken, von überall zusammengetragen, waren zur Vollendung gekommen. In den vergangenen fünf Jahrhunderten erfuhr die Basilika keine wesentlichen Veränderungen mehr.

AUSSENBAU

Fünf Portale führen in die Vorhalle; der Haupteingang in der Mitte ist besonders betont. Die **Bronzetüren** mit Löwenköpfen wurden im 11. Jh. von Konstantinopel nach Venedig gebracht. Romanische Skulpturen schmücken die Bogen; auch die Seitenportale sind reich verziert. Von den Mosaiken stammt nur das äußerste linke aus der Entstehungszeit (1260/70) und zeigt die damalige Gestalt der Fassade.

Die Nordfassade an der linken Kirchenflanke enthält Fragmente aus den Vorgängerbauten; die im 13. Jh. angebaute **Porta dei Fiori** (Blumenportal) ist ein Meisterstück der Romanik. An der Ecke zur Südfassade diente die **Pietra del Ban-**

Vom Campanile überblickt man die ganze Stadt, sieht aber kurioserweise keinen einzigen Kanal do, ein Porphyrsäulenstumpf, zur Verkündung von Gesetzen und Anordnungen. Einst war übrigens die Südfassade die bedeutendste, durch die Besucher von der Seeseite her Einlass bekamen – zu Beginn des 16. Jhs. wurde dieser Haupteingang zugemauert. Die Füllung der Bogenfelder im Galeriegeschoss weist reichhaltige orientalische Intarsien auf (13. Jh.). Die massive Wand zum Dogenpalast hin verkleiden farbige Marmorplatten; die Porphyrskulpturen der **Tetrarchen** an der Ecke stellen die vier Imperatoren des Römischen Reiches zur Zeit Diokletians (Ende 3. Jh.) dar. Vermutlich handelt es sich bei der spätantiken Plastik um ein Beutestück aus dem Kaiserpalast in Konstantinopel.

INNENRAUM

Durch das Mittelportal betritt man die Vorhalle (Narthex). Die eingelegten Fußböden sind noch original; die Kuppelmosaiken zeigen Szenen des Alten Testaments.

Der Innenraum besticht durch einen ungewöhnlichen Raumeindruck: Das Wechselspiel von Kuppeln und Bogen suggeriert lebhafte Rhythmik, während die vier gleich langen Kreuzarme diese Architekturwellen wieder einzufangen scheinen. Diese Harmonie von Dynamik und Statik unterstreicht der Mosaiküberzug auf Goldgrund – unendlich scheinende 8000 m². Das Bildprogramm der **Mosaiken** entspricht dem byzantinischen Kanon: Die Darstellung des Heilsgeschehens bleibt den Kuppeln vorbehalten; nach unten folgen Engel und Apos-

tel, die Geschichte des hl. Markus und ausgewählte Heilige.

Im Bereich des Hauptaltars konzentrieren sich die zahllosen Kunstschätze der Basilika. Der **Lettner** trennte den Altarbereich vom Kirchenraum. Um das dominierende Kreuz gruppieren sich die Jungfrau Maria, der Evangelist Johannes und die zwölf Apostel. Eine erlesene Arbeit bildet das von vier fein skulpierten Säulen getragene **Altarziborium**; im Altarraum repräsentiert die **Pala d'Oro** (Eintritt 2 €) einen unermesslichen künstlerischen und materiellen Wert: Im 11. Jh. in Konstantinopel bestellt, wurde die Bildtafel aus Gold (3,48 × 1,40 m) über fünf Jahrhunderte mit Perlen, Edelsteinen und kostbaren Emailarbeiten verziert. › mehr S. 15 Punkt ㉒

Die **Schatzkammer** (*Tesoro*, Eintritt 3 €) verfügt über zahlreiche Preziosen, die als Beute oder Staatsgeschenk in den Besitz der Republik gerieten. In den Seitenkapellen des Hauptraums blieb kein Plätzchen ungenutzt für künstlerische Ausschmückung – jedes Schiff, das nach Venedig heimkehrte, musste etwas für die Markuskirche mitbringen.

Das **Museo Marciano** (Eintritt 5 €) mit den Originalen der berühmten vier Bronzepferde (Quadriga) ist auf der Galerie untergebracht. Von dort gewinnt man den besten Eindruck vom Kirchenraum und dem wunderbaren Mosaikfußboden. Außerdem gelangt man von hier auf die Terrasse mit fantastischem Blick auf den Markusplatz und das San-Marco-Becken.

PALAZZO DUCALE E4

Der eindrucksvolle Dogenpalast neben der Basilica di San Marco war der Regierungssitz des Dogen und Schaltzentrale der venezianischen Macht. Hier wurde Weltgeschichte geschrieben und ein Jahrtausend lang über Schicksale entschieden, hier befanden sich zugleich die Privatgemächer des Dogen, der Sitz der Geheimpolizei und die berüchtigten Gefängnisse (San Marco 1, April–Okt. tgl. 8.30–19, Fr, Sa bis 23, Nov.–März 8.30–17.30 Uhr,

GRATIS ENTDECKEN

- **Basilica di San Marco > S. 75:** Die berühmte Markusbasilika kostet keinen Eintritt, wohl aber Geduld. Tagsüber bilden sich vor dem Eingangsportal lange Schlangen.
- **Kirchen:** Rund 30 Kirchen Venedigs kann man gratis besichtigen, u. a. San Moisè > S. 84, Santo Stefano > S. 86, I Gesuiti > S. 112, San Zaccaria > S. 115, San Francesco della Vigna > S. 121 und San Giorgio Maggiore > S. 138.
- **Squero > S. 133:** Gruppen können nach Anmeldung die Gondelwerft von innen besichtigen. Doch auch von den Fondamenta Nani aus lässt sich ein Blick auf die kleine Werkstatt erhaschen.
- **Konzerte:** Plakate oder die Touristeninformation > S. 152 informieren über kostenlose Konzerte, die abends in verschiedenen Kirchen Venedigs stattfinden.

letzter Einlass 1 Std. früher, 20 €, erm. 13 €, Audioguide 5 €, Führung Itinerari Segreti 20 €, erm. 14 €, www.palazzoducale.visitmuve.it).

BAUGESCHICHTE UND ÄUSSERES

Die erste Bauetappe der heutigen Anlage begann 1340; von den vier Vorgängerbauten aus Holz ist so gut wie nichts erhalten. Der Flügel zum Hafenbecken hin war 1365 abgeschlossen. Der Innenausbau jedoch dauerte – erst 1419 tagte zum ersten Mal der Große Rat. Fünf Jahre später beschloss man den Bau des zweiten Flügels zur Kirche hin; er wurde 1438 fertiggestellt. Offene Arkaden, darüber eine prachtvolle Loggia – das ist die Idee des venezianischen Wohnhauses.

Die gewaltige Baumasse des Palazzo Ducale, unter der die Arkaden zierlich und geradezu zerbrechlich wirken, ist die venezianische Antwort auf das Thema Palastbau. Das Dekorationsmuster – gereihte Spitzbogen, an kleeblattartige Vierpässe im Kreis gehängt – wurde zum immer wieder variierten Modell in der Stadt. Den hohen Maueraufsatz für den Raumbedarf der Regierungsaufgaben gliedern breite spitzbogige Fenster; das feine zweifarbige Rautenmuster aus Marmor lockert die großen Flächen auf. Die kostbare Mittelloge bildet den Blickfang.

Die Baumeister des ersten Flügels sind nicht bekannt; nach ihrem Muster errichteten Vater und Sohn Giovanni und Bartolomeo Bon den zweiten. Sie krönten ihre Arbeit mit einem Meisterwerk der Spätgotik, der **Porta della Carta,** vollendet

1442, die zugleich das Verbindungsstück zur Basilica di San Marco darstellt: Das von gotischen Dekorationselementen gerahmte Relief zeigt den Dogen Francesco Foscari, der vor dem Markuslöwen kniet › Abb. rechts. Damit war die letzte Lücke der Gesamtanlage geschlossen und die neue Schauseite des Dogenpalasts konnte sich nach einem Jahrhundert Bauzeit sehen lassen.

Die plastischen Kapitelle der 36 Arkadenbogen verdienen besondere Aufmerksamkeit – bevorzugt bedacht wurden die Palastecken. Die drei Erzengel krönen sie: Raphael verkörpert den Handel, Gabriel den Frieden und Michael den Krieg, die Eckpfeiler venezianischer Politik. Darunter an der Ecke die Planeten und die Erschaffung des Menschen; an der Brücke der betrunkene Noah und seine Söhne als Warnung vor Unmäßigkeit; zur Kirche hin das Urteil Salomos als Fanal der Weisheit. Ihr Lieblingsattribut, die Gerechtigkeit, ließen die Venezianer vom Bildhauer Alessandro Vittoria 1577–1579 an der Mittelloge platzieren. Der üppige zinnenartige Zierrat am oberen Abschluss wiederholt sich ebenso auf den Prokuratien als Zitat und umsäumt somit den gesamten Markusplatz.

INNENRÄUME

Als Fortsetzung der Porta della Carta, wo das Volk sich mit Petitionen an die Regierung und den Dogen wenden konnte, wurde der **Arco Foscari,** ein Bogengang mit Kreuzgewölben, zum Hof hin gezogen und unter dem Dogen Christoforo

An der Porta della Carta wurden offizielle Regierungserlasse verkündet

Moro im 15. Jh. vollendet. Mit den Skulpturen von Adam und Eva empfahl sich der Künstler Antonio Rizzo. Die Originale aus Marmor wurden in der Dogenwohnung untergebracht, im Hof stehen die Bronzeabgüsse.

Die dritte Bauetappe leitete ein Brand ein, der 1483 den Ostflügel am Kanal verwüstete. Antonio Rizzo wurde mit dem Neubau beauftragt, ihm folgten Ende des 15. Jhs. Pietro Lombardo und dann Scarpagnino. Inzwischen hatte die Renaissance Einzug gehalten; die Spitzbogenloggia im ersten Stock zeigt noch die alte Formensprache, in der Geschossgliederung gibt der Rundbogen den Ton an.

BERÜHMTE KÜNSTLER

Um 1525 begann die Ausgestaltung des Inneren, die sich die größten Maler der Epoche teilten: So wie ein Jahrhundert lang Steinmetze aus der Toskana, der Lombardei und aus Venetien für die Bauplastik der gotischen Flügel gearbeitet hatten, malten Bellini, Vivarini, Carpaccio, Tizian, Tintoretto und Veronese für die Innenräume des Palazzo Ducale. Die kostbare Innenausstattung fiel im 16. Jh. zwei Bränden zum Opfer. Veronese und Tintoretto samt ihren Werkstätten waren noch aktiv und wurden mit neuen Aufträgen betraut. Gegen Ende des 17. Jhs. hatte der Dogenpalast seine heutige Gestalt wieder.

Am Ende der Republik 1797 und in den Folgejahrzehnten waren schwere Zeiten für das künstlerische Vermächtnis der Serenissima zu überstehen: Nach der Eingliederung Venedigs ins Königreich Italien (1866) übernahm der neue Staat die Restaurierung des Dogenpalasts. 1923 wurde er an die Stadt Venedig zurückgegeben.

Hinweis: Da der Rundgang durch den Dogenpalast sich immer wieder ändert, ist eine genaue Beschreibung hier nicht möglich. Für die Besichtigung der zahlreichen Innenräume ist ein Audioguide empfehlenswert. Die Tour beginnt im Innenhof.

SCALA DEI GIGANTI

Auf der obersten Stufe von Antonio Rizzos Gigantentreppe (nicht zugänglich) wurden die Dogen gekrönt; Sansovinos Kolossalskulpturen Mars und Neptun gaben ihr den Namen – sie stehen sinnbildlich für Venedigs Herrschaft auf dem Meer und auf dem Festland.

Tizians »Paradies« schmückt im Saal des Großen Rats die Wand hinter dem Dogenthron

CORTILE DEI SENATORI

Das Hofstück links der Scala dei Giganti heißt Hof der Senatoren; die Baumeister Spavento und Scarpagnino machten es 1507 zu einem Paradebeispiel der Renaissancekunst. Wie im venezianischen Haus diente auch im Dogenpalast das Erdgeschoss minderen Zwecken; das Mittelgeschoss barg Versammlungsräume und die Dogenwohnung, das obere Repräsentationsräume und Sitzungszimmer.

SPITZBOGENLOGGIA

Über eine Treppe im Südosten des Hofs gelangt man in die Spitzbogenloggia; von hier genießt man einen schönen Blick. Besondere Beachtung verdient der als Löwenmaul gestaltete Briefkasten. Hier konnte man Zettel einwerfen und damit auf anonyme Weise jemanden denunzieren. › mehr S. 16 Punkt **24**

SCALA D'ORO

Die Goldene Treppe führt von der Loggia hinauf zu den Wohnungen und Amtsräumen der Dogen. Bereits beim Anblick der von Jacopo Sansovino entworfenen und von Pietro Guberni ausgeführten Scala d'Oro mit ihrem stuckverzierten Tonnengewölbe bekommt man eine Ahnung davon, wie prächtig und eindrucksvoll der Dogenpalast ist.

ZWEITER STOCK

Ausländische Gesandte, die im Dogenpalast vorsprechen wollten, warteten zunächst in der **Sala del Anticollegio,** einem prachtvollen Raum, der mit Gemälden von Tintoretto

und Veroneses »Entführung der Europa« geschmückt ist. In der **Sala del Collegio,** deren Decke und Wände Meisterwerke Tintorettos, Tizians und Veroneses aufs Prachtvollste zieren, wurden die ausländischen Botschafter dann empfangen.

Man gelangt nun in die Räume der Hauptregierungsorgane der Republik, darunter die **Sala del Senato,** Versammlungszimmer und somit älteste Institution des venezianischen Staates. Hier wurde über Krieg und Frieden beratschlagt. Im **Consiglio dei Dieci** (Rat der Zehn) tagte das berüchtigte Sondergericht, welches das Recht besaß, gegen jeden vorzugehen, der die Sicherheit des Staates gefährdete.

Die **Sala della Bussola** versperrte den Durchgang zum gefürchteten Raum der Inquisitoren. In der angrenzenden **Armeria** sind mehr als 2000 Waffen ausgestellt.

ERSTER STOCK

Nun steigt man hinunter in den 1. Stock, wo sich nicht nur die Wohnräume des Dogen befanden, sondern auch der großartigste Saal des Palasts: die **Sala del Maggior Consiglio** (Saal des Großen Rats). Im Sitzungssaal des Parlaments der Patrizier, die im *Libro d'Oro* (Goldenen Buch) eingetragen waren, gab es zeitweise bis zu 1600 Berechtigte. Neun Längsreihen mit Doppelsitzen zogen sich durch den Raum, in dessen Mitte ein Podest für die Redner platziert war. Die Versammlungen fanden sonntags statt, scharf bewacht von bewaffneten Soldaten, die auf der Piazza und am Ponte della

Paglia Wache hielten. Staatsakte und öffentliche Feste wurden hier abgehalten und vermutlich auch die Dogen gewählt. Während der österreichischen Besatzung wurde an diesem Ort am 2. April 1849 *resistenza ad ogni costo* (Widerstand um jeden Preis) proklamiert.

Die imposante Decke des Sala del Maggior Consiglio zieren schwere Goldornamente, sie geben die Rahmen für die 15 Deckengemälde ab, die zwischen 1578 und 1585 entstanden. Das Mittelbild von Tintoretto zeigt die Königin Venezia im Kreis verschiedener Meeresgottheiten, wie sie dem Dogen Nicolò da Ponte (1578–1585) einen Olivenzweig reicht, und der Doge ihr den Senat und die Gaben der unterworfenen Provinzen präsentiert.

Zum Fenster hin sieht man eine Darstellung der Venezia, die von der Siegesgöttin gekrönt wird und die Huldigungen der Bevölkerung empfängt, ein Werk von Palma il Giovane. Das Gegenstück schuf Paolo Veronese: eine Verherrlichung der Venezia, die auf den Wolken sitzt und von Göttern des Olymp umgeben ist. Das überwältigendste Bild aber ist Tintorettos »Paradies«, an dem der Künstler zwischen 1588 und 1594 arbeitete. Es schmückte die Wand hinter dem Dogenthron. › mehr S. 16 Punkt **28**

An den Ratssaal grenzt im Westflügel die imposante **Sala dello Scrutinio** (Saal der Abstimmung), in der der Große Rat seine Stimmen abgab. Die Reihe der Dogenporträts ist hier bis zum Ende der Republik 1797 weitergeführt. Die Deckenge-

mälde verherrlichen ebenso wie die Längswände venezianische Siege. An der Eingangswand hängt das »Jüngste Gericht« von Palma il Giovane, gegenüber wurde 1694 für den Dogen Morosini anlässlich einer siegreichen Schlacht gegen die Türken ein Triumphbogen errichtet.

PRIGIONI

Labyrinthisch angelegte Geheimgänge führen durch den dunklen und schauerlichen Teil des Dogenpalasts in die alten Kerker und Folterkammern. Von dort gelangten Gefangene über die **Seufzerbrücke** *(Ponte dei Sospiri)* in die **Prigioni Nuove,** das Staatsgefängnis.

Den Verurteilten eröffnete sich auf der Brücke ein letzter Blick in die Freiheit, was ihr den Namen »Seufzerbrücke« beschert hat. Die Gefangenen – einer der berühmtesten war Casanova › S. 86 – wurden von hier entweder in die *piombi* (Bleikammern) gebracht, wo sie in Zellen unterhalb des Daches unerträglicher Hitze ausgesetzt waren, oder in die düsteren, nasskalten *pozzi* (Brunnen) im Erdgeschoss, die vor allem bei *acqua alta* bis zu den Steinpritschen unter Wasser standen (nur im Rahmen der Führung Itinerari Segreti › S. 78 zu besichtigen). › mehr S. 12 Punkt **1**

COLONNE DI SAN MARCO E SAN TODARO

Gleich neben dem Dogenpalast erheben sich die Säulen der hl. Markus und Theodor. Die Riesenmonolithe aus Granit wurden im 12. Jh. aus dem Orient nach Venedig gebracht und stehen seit 1172 als einschüchternde Machtsymbole am Molo. Zwischen den beiden Säulen wurden auch Todesurteile vollstreckt – abergläubische Venezianer gehen hier deswegen nicht durch.

Der Markuslöwe auf der Säule zum Palast hin ist von unbekannter orientalischer Herkunft; er war früher einmal vergoldet.

Die Statue des hl. Theodor auf der anderen Seite gilt als römische Arbeit, die Mithridates, König von Pontus, darstellen soll. Theodor war vor dem Raub der Markusreliquien der Stadtpatron Venedigs.

TORRE DELL' OROLOGIO 41 ⭐ 🪧 E4

Richtung Rialto geht es durch den Torbogen der Torre dell'Orologio. Der Uhrturm ist ein volkstümliches Wahrzeichen mit zwei Mohren, die die Stunden schlagen. Mauro Codussi hatte den Turm noch als Abschluss seiner Alten Prokuratien geplant; auf das Jahr 1497 geht auch der Guss der Mohren zurück sowie die seinerzeit als Wunderwerk geltende Uhr, die außer der Zeit auch die Mondphasen und den Lauf der Sonne im Tierkreis anzeigt. Der Löwe vor dem Sternenfeld wurde mit dem Obergeschoss erst 1755 hinzugefügt. Den Uhrturm, der einen fantastischen Panoramablick über Venedig eröffnet, kann man im Rahmen einer vorher gebuchten 45-minütigen Führung besichtigen (Piazza San Marco, Anmeldung unter Tel. 041 42 73 08 92 oder online, Treffpunkt Eingang Museo Correr, 12 €, www.torreorologio.visitmuve.it).

IM HERZEN VON SAN MARCO

VERLAUF: Piazza San Marco > San Moisè > Gran Teatro La Fenice > Campo Santo Stefano > Campo Sant'Angelo > Campo Manin > Campo San Luca

KARTE: Seite 72
DAUER: reine Gehzeit 2–3 Std.
PRAKTISCHE HINWEISE:
- Ausgangspunkt: Vaporetto-Station San Marco/Vallaresso
- Die nächstgelegene Vaporetto-Station am Tourende beim Campo San Luca ist Rialto.

TOUR-START: CAPITANERIA DEL PORTO 42 🪧 D5

Hinter der Anlegestelle San Marco/Vallaresso liegt diese Anlage im lombardischen Stil (Ende 15. Jh.). Unter dem Vorsitz Tiepolos residierte hier 1756–1807 die Accademia di Pittura e di Scultura (Akademie für Malerei und Bildhauerei); jetzt ist sie Sitz der Hafenbehörde.

ZWISCHENSTOPP: RESTAURANT

Harry's Bar ❶ €€€ 🪧 D5
Eine legendäre Adresse: Prominente wie Winston Churchill und Ernest Hemingway, Filmgrößen wie Lauren Bacall, Frank Sinatra oder Federico Fellini kamen gern auf einen Drink in die Bar, die in westlicher Richtung gleich hinter dem Markusplatz

Reicher Skulpturenschmuck überzieht die barocke Fassade von San Moisè

liegt und einen unscheinbaren Eingang besitzt. An ihrem Tresen wurde der Bellini kreiert, ein Aperitif aus Pfirsichmark und Prosecco › **mehr S. 14 Punkt 15**. Auch *carpaccio* wurde hier erfunden, in hauchdünne Scheiben geschnittenes und mariniertes, rohes Rindfleisch. Im 1. Stock über der Bar befindet sich ein exklusives Restaurant. Tgl. 10.30–23 Uhr.
• Calle Vallaresso 1323 | Tel. 04 15 28 57 77 www.cipriani.com

SAN MOISÈ 43 ▌ D4

Die Salizzada San Moisè führt zur Kirche gleichen Namens. Sie hat ihre Ursprünge im 8. Jh. und wurde in ihrer heutigen Gestalt 1668 erbaut; die prächtige barocke Fassade schmücken Skulpturen des österreichischen Bildhauers Heinrich Meyring – sein venezianischer Name ist Arrigo Marengo. Er schuf auch den dreidimensionalen dramatischen Moses-Hauptaltar im Inneren. Aufmerksamkeit verdienen zudem die »Fußwaschung« von Tintoretto und die Porträtbüsten der Stifterfamilie Fini (Mo–Sa 9.30–12.30 Uhr).

An der Rückseite zweigt die Calle del Ridotto ab. *Ridotto* bedeutete früher »Klub« (Redoute), und in diesem Viertel wurde ab 1768 so sehr der Spielleidenschaft gefrönt, dass die Stadt im Jahr 1774 dem Treiben ein Ende bereitete. Heute ist in der Gasse der Eingang zu der im spätgotischen Stil erbauten **Ca' Giustinian** (15. Jh.) › S. 68.

GRAN TEATRO LA FENICE 44 ★ ▌ D4

Hinter der Börse führt die Calle delle Veste direkt zum Campo San Fantin mit dem bedeutendsten Opernhaus Venedigs. Nachdem Venedigs wichtigste Oper 1773 in Flammen aufgegangen war, errichtete man zwischen 1790 und 1792 das Gran Teatro La Fenice, das wie Phönix (ital. *fenice*) aus der Asche erstand. 1836 fiel dieses in ganz Europa berühmte Opernhaus erneut einem Brand zum Opfer, doch noch im selben Jahr wurde es wieder aufgebaut und erhielt einen der schönsten Zuschauerräume jener Zeit. Dann geschah das Unvorstellbare: 1996 schlugen erneut Flammen aus dem Fenice, das Gebäude brannte aus. Ursache war Brandstiftung. Unglücklicherweise führte auch der angrenzende Kanal just zu diesem Zeitpunkt kein Wasser, da er gerade von Schlamm und Schlick gesäubert wurde – Löschflugzeuge mussten im Becken von San Marco Wasser holen. Mit internationaler Hilfe wurde das Opernhaus unter der Leitung von Aldo Rossi nahezu originalgetreu wiederaufgebaut und 2004 feierlich wiedereröffnet.

Während der ca. einstündigen Audioguide-Tour lernt man die Geschichte des Opernhauses kennen, in dem zahlreiche Uraufführungen stattfanden, wie 1853 die von »La Traviata«. Man sieht den Opernsaal, die Kaiserloge, in der heute wieder Staatsgäste und gekrönte Häupter sitzen, sowie die Apollosäle (Campo San Fantin, wechselnde Öffnungszeiten, aktuelle Infos an der Kasse, tgl. 10–17 Uhr, oder online unter www.festfenice.com, 10 €).

SANTA MARIA DEL GIGLIO 45 🚩 D5

Die Opulenz des Barockbaus von Sardi (1678–1683) leitet sich vom Geltungsbedürfnis der Stifterfamilie Barbaro her, die Pläne ihrer Besit-

zungen im Sockelgeschoss in Stein verewigen ließ. Die Innenausstattung kann Tintoretto vorweisen: ehemalige Orgelprospekttüren, hinter dem Altar unter der Empore. Die Schatzkapelle birgt das Bild »Madonna con Bambino e San Giovannino«, dessen Mittelpartie von Rubens stammt (Mo 10.30–16, Di–Sa bis 16.30 Uhr, Choruskirche › S. 153).

SHOPPING

Il Prato

Eine Topadresse für Liebhaber von edlem handbedrucktem und marmoriertem Papier. › mehr S. 17 Punkt **34**

- San Marco 2456/9
  Calle delle Ostreghe
  Tel. 04 15 23 11 48
  www.ilpratovenezia.com

Jesurum

Qualitativ hochwertige und mit typischen venezianischen Mustern versehene Bettund Tischwäsche.

- San Marco 2024 | Calle Veste
  Tel. 04 15 23 89 69
  www.jesurum.it

💬 **»VERURTEILUNG ZUR MEERFAHRT DER GALEERE«**

Machtzentrum Dogenpalast, Handelszentrum Rialto: Der Warenaustausch, der die junge Republik reich und stark machte, basierte auf Lebensmitteln, Rohstoffen und Luxusgütern – und hatte eine grausame Seite. Die Kriminalwissenschaft nennt die Galeerenstrafe den »tausendfachen Tod«; die »Verurteilung zur Meerfahrt der Galeere« war fällig bei schweren Verbrechen wie Mord, Ehebruch, Notzucht, Bigamie, notorischem Diebstahl und Gotteslästerung – und diente auch dazu, Unbequeme, Vaganten und Gauner loszuwerden. Privilegierte Stände wie der Adel und die Geistlichkeit kamen allerdings mit der »einfachen« Todesstrafe davon. Das war besser als Rudern. Die Galeeren haben längst ausgedient, aber noch heute bedeutet in der italienischen Umgangssprache *andare in galera* »einsitzen«.

CAMPO SANTO STEFANO

Auf dem weitläufigen Campo Santo Stefano fand einst die *caccia al toro* statt, doch nachdem im Jahr 1802 beim Einsturz einer Tribüne mehrere Menschen ums Leben gekommen waren, gab man die Stierhatz auf. Von 1807 bis 1809 befand sich der Markt Venedigs an dieser Stelle. Bis heute ist der Platz Veranstaltungsort diverser Festivitäten.

Am Nordende steht die Kirche **Santo Stefano** 46 🔖 C4. Das prächtige Hauptportal mit seinem gotischem Spitzbogen stammt aus der Werkstatt Bartolomeo Bons. Der Innenraum ist mit Schiffsholzdecken eingewölbt und birgt die Grabstätten der Dogen Andrea Contarini und Francesco Morosini. Der schiefe Campanile bildet einen Blickfang in diesem Viertel (Mo 10.30–16, Di–Sa bis 16.30 Uhr, Choruskirche › S. 153). › mehr S. 16 Punkt 29

ZUM PALAZZO GRASSI

Wenn man von hier Richtung Ponte dell'Accademia geht, gelangt man zur **Chiesa San Vidal** 47 🔖 C5, in der im Sommer stimmungsvolle Konzerte stattfinden › S. 43.

In der westlichen Kanalschleife liegt der **Palazzo Grassi** 🔖 C4 › S. 86, ein Paradebeispiel klassizistischer Architektur des 18. Jhs. Stararchitekt Tadao Ando baute ihn mit Fingerspitzengefühl um. Heute beherbergt er die Sammlung zeitgenössischer Kunst des französischen Industriellen François Pinault (Ausstellungstermine: www.palazzograssi.it).

CAMPO SANT'ANGELO

Gotische Fassaden säumen den Platz; im **Palazzo Duodo a Sant' Angelo** (Nr. 3584) starb am 11. Januar 1801 der aus dem Königreich Neapel verbannte Opernkomponist Domenico Cimarosa.

💬 AUF DEN SPUREN EINES GROSSEN VERFÜHRERS

Er war Verführer, Lebemann, Abenteurer, Schriftsteller, Falschspieler, Priester, Geiger und Spitzel in einem: **Giacomo Casanova,** 1725 als Sohn einer Schauspielerin in Venedig geboren. Während die Frauen dem legendären Verführer zu Füßen lagen, brachten andere dem unsteten und frivolen Lebenskünstler nur Spott und Verachtung entgegen. Zunächst wurde der studierte Jurist auf Geheiß seiner Großmutter Priester. Eskapaden und Skandale folgten, Casanova gab das Priesteramt auf und verdiente sein Geld u. a. als Geiger in einem Orchester. 1755 wurde er unter dem Vorwurf der Gotteslästerung in Venedig verhaftet und schmorte in den Prigioni Nuove. Zweimal versuchte er aus den Bleikammern zu fliehen. Der zweite Fluchtversuch gelang. Nach zahlreichen Reisen quer durch Europa, die ihn u. a. an den Hof Friedrichs II. und Katharinas II. brachten, kehrte Casanova 1772 nach Venedig zurück und war dort als Theaterdirektor und Geheimagent der Staatsinquisition tätig. 1798 starb er auf Schloss Dux in Nordböhmen, wo er als Bibliothekar angestellt gewesen war und u. a. seine Memoiren verfasst hatte.

PALAZZO FORTUNY 48 📱 D4

Links lohnt ein Abstecher zum Palazzo Fortuny (Museo Pesaro). Außer der gotischen Fassade (15. Jh.) beeindruckt der **Innenhof** mit historischem Treppenaufgang. Der Palazzo war Wohnsitz des aus Spanien stammenden Modedesigners Mariano Fortuny (1871–1950), der mit seinen exzentrischen Entwürfen und Kreationen wie dem Plisseestoff die Hautevolee beglückte. Die Innenräume des **Museums** spiegeln mit erlesener Einrichtung den Geschmack des Wahlvenezianers wider, der auch als Maler, Fotograf und Architekt Furore machte (Campo San Beneto, Mi–Mo 10–18 Uhr, http://fortuny.visitmuve.it, 10 €).

CAMPO MANIN UND SAN LUCA

Die Calle della Mandola mündet auf den **Campo Manin** mit dem mächtigen Denkmal des Daniele Manin, Anführer der Revolution gegen die österreichische Besatzung von 1848 bis 1849). Man überquert den Platz und biegt am Gebäude der Cassa di Risparmio links zum Campo mit der Pfarrkirche **San Luca** 49 📱 D4 ab. Das Hauptaltarbild ist ein weiteres Kunstwerk von Paolo Veronese.

ZWISCHENSTOPP: RESTAURANT

Al Volto 2 €€ 📱 D4

In diesem für sein exzellentes Weinsortiment berühmten Szene-Bàcaro trifft man auf gestylte Erscheinungen aus der Welt von Kunst und Medien. Zur *ombra* gibt es gute *cicchetti* gleich an der Theke.

• San Marco 4081 | Calle Cavalli
  Tel. 04 15 22 89 45
  www.enotecaalvolto.com

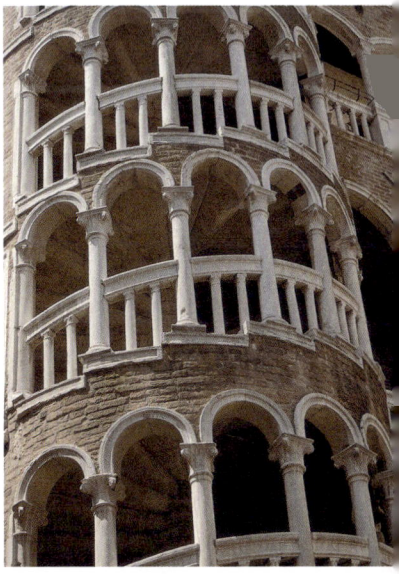

Die filigrane Treppe macht den Palazzo Contarini del Bovolo unverwechselbar

PALAZZO CONTARINI DEL BOVOLO 50 📱 D4

Vom Campo Manin zweigt rechts die Calle della Vida o delle Locande ab. Der Palazzo Contarini del Bovolo (Nr. 4299) bewahrt im Innenhof ein 26 m hohes, gemauertes Wendeltreppenhaus: die zauberhafte **Scala Contarini del Bovolo** (ital. *bovolo* = Schnecke). Mit ihren eleganten rundbogigen Arkaden erinnert sie ein wenig an den schiefen Turm von Pisa. Steigt man hinauf, genießt man vom Kuppelraum einen tollen Blick über Venedig, während im Inneren des Palazzo u. a. der Tintoretto-Saal mit Skizzen des Meisters wartet (San Marco 4303, www.scalacontarinidelbovolo.com, tgl. 10–18 Uhr, 7 €).

CAMPO SAN LUCA

Ein Steinpfosten mit einer Fahnen-
stange auf dem Campo San Luca,
einem beliebten Treffpunkt der Venezianer, bezeichnet die historische
Mitte von Venedig. Eingemeißelt
sind der Markuslöwe, der hl. Lukas
(Pfarrei) und in der Mitte das alche-
mistische Zeichen für Medizin, Sie-
gel einer ehemaligen Bruderschaft
in der Pfarrei.

Die Calle San Luca mündet in die
Calle dei Fabbri, die kürzeste Verbindung von San Marco und Rialto;
sie führt zum **Teatro Goldoni** › S. 41,
90, seit dem 19. Jh. eine der bedeutendsten Bühnen Venedigs.

VOM MARKUSPLATZ NACH RIALTO

VERLAUF: Merceria dell'Orologio ›
San Salvatore › Scuola Grande di San
Teodoro › Teatro Goldoni › Ponte
Rialto › Fondaco dei Tedeschi

KARTE: Seite 72
DAUER: reine Gehzeit ca. 1 Std.
PRAKTISCHE HINWEISE:
• Ausgangspunkt: Vaporetto-Station
  San Marco/Vallaresso oder San
  Zaccaria
• Endpunkt: Vaporetto-Station Rialto
• Einige Geschäfte haben sonntags
  geschlossen. Vorsicht vor fliegen-
  den Händlern: Manche Produkte
  sind billige Imitate.

TOUR-START:
MERCERIA DELL'OROLOGIO

Der Durchgang des volkstümlichen
Wahrzeichens Torre dell'Orologio
› S. 83 öffnet sich vom Markusplatz
auf die belebte Merceria dell'Orologio. Mercerie sind Einkaufsgassen
(von *merce*, Waren) und in Venedig
entsprechend häufig. Wo heute exklusive Boutiquen ihre Kunden
empfangen – darunter Filialen fast
aller berühmten italienischen Mo-
demarken –, hatten bereits im Mittelalter die Händler ihre Läden, in
denen von Stoffen bis zu Gewürzen
alle erdenklichen Waren zum Verkauf angeboten wurden.

CALLE DEGLI SPECCHIERI

Alternativ kann man den Weg über
die parallel verlaufende Calle degli
Specchieri, die ehemalige Straße der
Spiegelmacher, fortsetzen. Auch
dieser Zweig der Glasherstellung
war in Venedig einst ein florieren-
des Gewerbe. Die enge Gasse nimmt
an der Nordseite der Markusbasilika
ihren Anfang.

ZWISCHENSTOPP: RESTAURANT
Do Forni ❸ €€€ ▮ E4

In dem alteingesessenen Restaurant fühlt
man sich in einen Speisewagen des Orient-
Express versetzt. Es gehört zu den belieb-
testen der Stadt und bietet raffiniert inter-
pretierte venezianische Küche.
• San Marco 468 | Calle degli Specchieri
  Tel. 04 15 23 21 48 | www.doforni.it

SAN SALVATORE 51 ▮ D4

Die Kirche, die 1171 von Papst Alexander III. geweiht wurde, liegt am
gleichnamigen Campo. Der **Innen-**

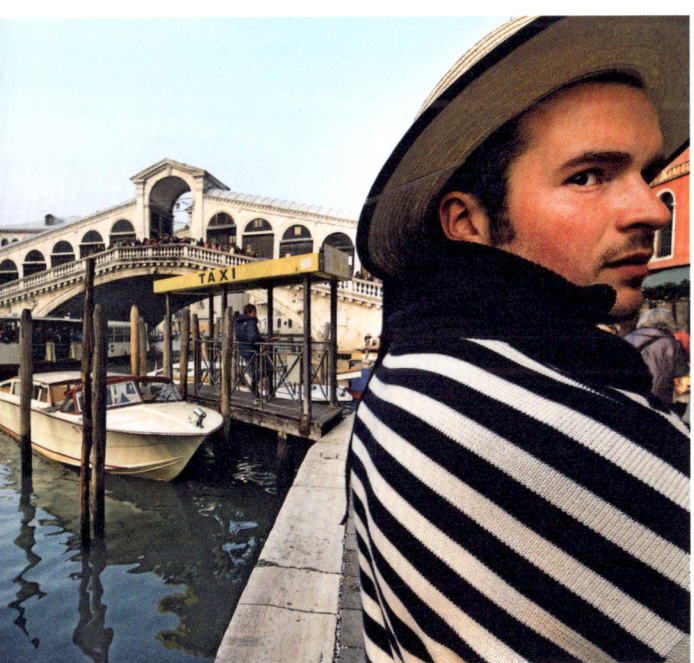

An der Rialtobrücke wartet ein Gondoliere auf Kundschaft – sicher nicht lange

raum ist ein Musterbeispiel der Hochrenaissance. Am Grabmal des Dogen Francesco Venier zwischen dem zweiten und dritten Altar rechts stehen mit »Carità« (»Wohltätigkeit«) und »Speranza« (»Hoffnung«) zwei Sansovino-Plastiken; es folgt Tizians »Annunciazione« (»Verkündigung«).

Der Hauptaltar, eine venezianische Silberarbeit (1290), die im 15. Jh. umgearbeitet wurde, wird nur dreimal im Jahr enthüllt: Weihnachten, Ostern und am 6. August (Verklärung des Herrn). Die Jesus Christus geweihte Kirche zeigt die Pala d'Argento folglich nur zu den existenziellen Tagen seines Lebens: Ge-

burt, Verklärung sowie Tod und Auferstehung. Ansonsten ist die Pala von Tizians Werk »Verklärung des Herrn« verdeckt. Unter den Grabmälern der Kirche befindet sich auch das der 1663 beigesetzten Catarina Cornaro, der Königin von Zypern (Mo–Sa 9–12, 16–18, im Winter 9–12, 15–18 Uhr, Eintritt frei).

SCUOLA GRANDE DI SAN TEODORO ▮ D4

Der Bau schräg gegenüber dem Hauptportal von San Salvatore wurde 1579 begonnen und mit der barocken Fassade 1648 abgeschlossen. Interessante Ausstellungen ziehen heute Besucher ins Erdgeschoss der einstigen Scuola › S. 55; im Obergeschoss finden im Sommer stimmungsvolle Konzerte statt (Infos und Tickets am Eingang).

TEATRO GOLDONI `52` 🔖 D4

Über die Calle Teatro dell'Ovo erreicht man eine der ältesten Bühnen der Stadt, benannt nach Carlo Goldoni (1707–1793), dessen Komödien neben anderen venezianischen Klassikern regelmäßig auf dem Spielplan stehen › S. 41.

PONTE DI RIALTO `53` ⭐ `5` 🔖 D3

Bis vor etwa 150 Jahren stellte die Rialtobrücke den einzigen Übergang über den Canal Grande dar. Hier entfaltete sich das Geschäftszentrum der blühenden Republik. Der Anleger war ein internationaler Handelsplatz, an den die Ufernamen erinnern: Fondamenta del Vin (Wein), del Carbon (Kohle), del Ferro (Eisen). Fisch und Meeresfrüchte, Obst und Gemüse werden immer noch am Rialto umgeschlagen. Der heutigen Steinbrücke von 1591, die sich in einem 48 m hohen Marmorbogen über den Canal Grande spannt und jüngst mit privaten Geldern des Modeunternehmers Renzo Rosso (»Diesel«) renoviert wurde, gingen mehrere Holzkonstruktionen voraus.

1513 fiel das gesamte Rialtoviertel einem Brand zum Opfer und musste neu aufgebaut werden. So entstand auch der Palazzo dei Camerlenghi `54` 🔖 D3 (1525–1528) rechts nach der Brücke. Hier wurden die Finanzen verwaltet und im vergitterten Untergeschoss Schuldner eingesperrt – die Kaufmanns-

moral blamierte kaufmännische Vergehen vor aller Augen. Ursprünglich wurde vom Rialto aus auch regiert, bis Anfang des 9. Jhs. der Umzug nach San Marco erfolgte. Auch im modernen Venedig ist der Rialto Regierungssitz; in der **Ca' Farsetti** befindet sich das Rathaus › S. 65. 2001, nach dem G8-Gipfel in Genua, zerstörte ein Bombenanschlag auf den Justizpalast Teile des Renaissancebaus.

FONDACO DEI TEDESCHI `55` 🔖 D3

Vom Ponte Sant'Antonio gelangt man zum **Campo San Bartolomeo** mit dem Goldoni-Denkmal von 1881, einem der belebtesten Plätze der Stadt und beliebter Treffpunkt an lauen Abenden.

Ganz in der Nähe verdient der **Fondaco dei Tedeschi,** der einstige deutsche Handelshof, nähere Betrachtung. Man hatte den deutschen Kaufleuten in Venedig einen eigenen Handelsplatz zugestanden, und das in exponierter Lage. Die Fassade weist zum Canal Grande, direkt neben der Rialtobrücke; durch die offenen Arkaden im Erdgeschoss wurden Waren ein- und ausgeladen. 2008 erwarb Benetton das Gebäude. 2016 eröffnete hier eine Luxus-Mall des Konzerns LVMH mit Café-Restaurant im Atrium und einer Dachterrasse, die tolle Ausblicke bietet.

Den »Sitz der Deutschen« – seit dem 12. Jh. – zeichnen in dem Renaissancebau (1505–1508) die Arkaden des **Innenhofs** aus: Trotz seiner vier Bogenreihen übereinander wirkt er graziös, fast verspielt.

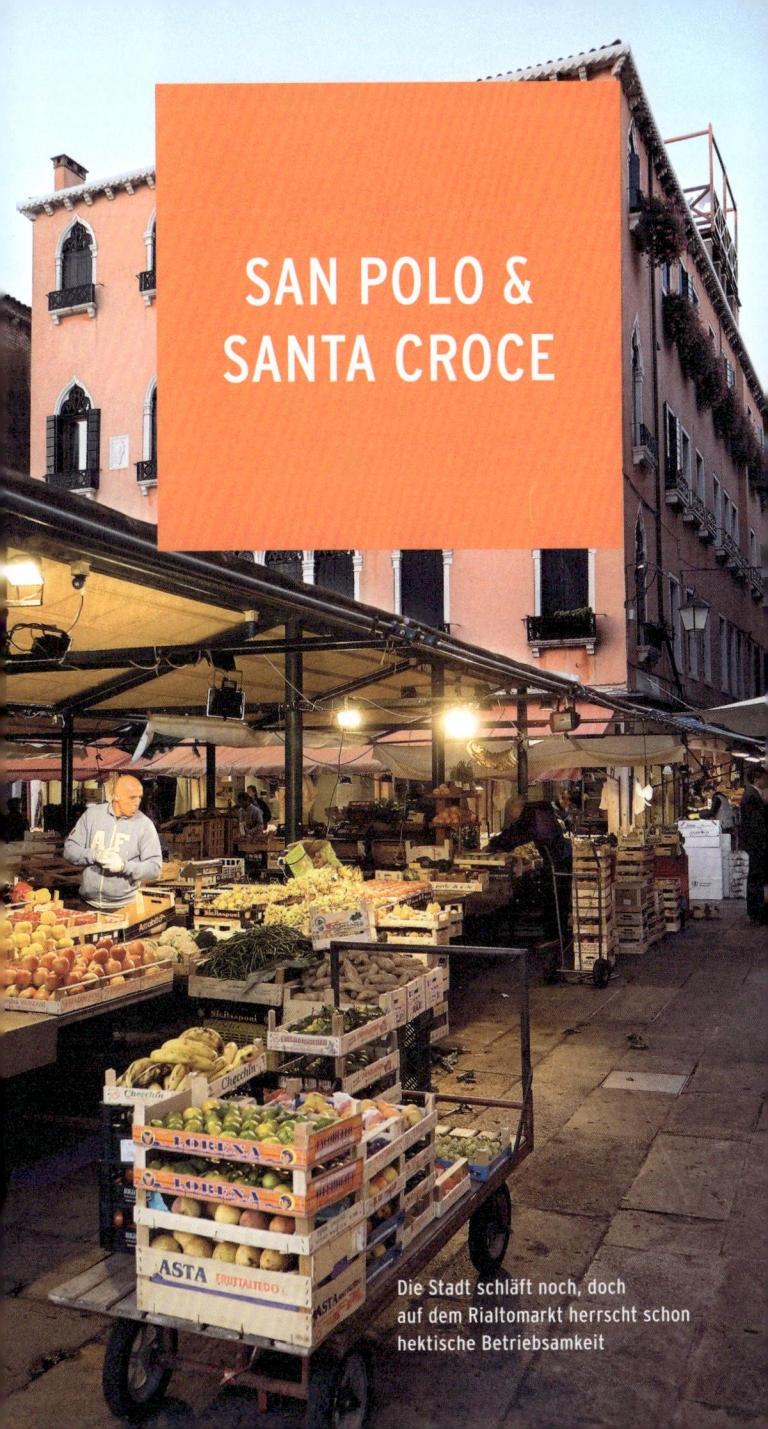

SAN POLO &
SANTA CROCE

Die Stadt schläft noch, doch
auf dem Rialtomarkt herrscht schon
hektische Betriebsamkeit

Vom lebhaften Markt an der Rialtobrücke bis ins Gewirr der kleinen Gässchen und Winkel: Die beiden eng miteinander verbundenen Sestieri San Polo und Santa Croce bieten ein buntes Kaleidoskop Venedigs.

In diesen beiden Sestieri, die in der oberen Kanalschleife liegen und eng miteinander verzahnt sind, fällt es wegen der zahlreichen engen, verwinkelten Gassen besonders schwer, sich zu orientieren. Wer sich hier verläuft, sollte sich mit dem Reizvollen trösten, das eine solch ungeplante Tour zu bieten hat: die stillen und pittoresken Winkel, die Stimmung an den lauschigen Plätzen, den winzigen Brücken und kleinen Kanälen, die versteckten Bàcari, in die die Venezianer bereits am Vormittag einkehren …

Laut, hektisch und betriebsam hingegen geht es im Rialtoviertel (von lat. *rivus altus*, oberes Ufer) zu, wo sich bereits im Mittelalter das Markt- und Handelsgeschehen der Stadt konzentrierte. Der Bummel über den farbenprächtigen Obst- und Gemüsemarkt *(erberia)* sowie den angrenzenden Fischmarkt *(pescheria)* in den Morgenstunden gehört zum Pflichtprogramm. Turbulent geht es auch in den angrenzenden Basarstraßen zu. Wer dem Rummel hier entflohen ist, wird mit wunderschönen Plätzen wie dem Campo San Polo oder dem Campo dall'Orio und grandiosen Kirchenbauwerken und Scuole belohnt. Auf keinen Fall versäumen sollte man die Basilica dei Frari und die Scuola Grande di San Rocco.

Tiepolos berühmte »Kreuzigung« ist eines von 30 Werken für die Scuola Grande di San Rocco

TOUREN IN DEN VIERTELN

TOUR 5

VON DER RIALTOBRÜCKE ZU SAN STAE

VERLAUF: Rialtobrücke › Mercato di Rialto › Campo San Polo › Palazzo Mocenigo › Ca' Pesaro mit Galleria d'Arte Moderna und Museo d'Arte Orientale › San Stae

KARTE: Seite 72
DAUER: reine Gehzeit 2–3 Std.
PRAKTISCHE HINWEISE:
- Start ist an der Vaporetto-Station Rialto, Endpunkt an San Stae.
- Der Fischmarkt findet nur vormittags statt, Mo geschl.
- Die seltene Möglichkeit, den Aperitif am Canal Grande einzunehmen, bieten Lokale wie das Naranzaria nahe San Giacomo di Rialto.

TOUR-START:

Der Weg führt durch das quirlige Rialtoviertel zum großen Campo San Polo, zur Kirche San Cassiano und an den Canal Grande, wo sehenswerte Museen locken.

RUGA DEGLI OREFICI

Die **Rialtobrücke** › S. 90 mündet in die Ruga degli Orefici (Oresi), die Straße der Goldschmiede – der Name weist auf den Reichtum in historischer Zeit hin. Noch heute findet man in der Ladenstraße viel Gold, Silber, Perlen und Edelsteine. Die Goldschmiede haben in **San Giacomo di Rialto** 56 ▌ D3 noch ihre Patronatskirche. Als einzige Kirche der Stadt besitzt »San Giacometto«, wo abends Konzerte stattfinden, eine Säulenvorhalle aus gotischer Zeit. Die große Uhr über dem Eingang stammt aus dem 15. Jh. San Giacomo ist eine der ältesten Kirchen Venedigs, wovon eine Inschrift aus dem 12. Jh. an der äußeren Apsismauer zeugt, die die Händler zu Treue und Redlichkeit mahnt. Aus der Ausstattung der Kirche ragt die anonyme »Schmerzensmutter« mit den sieben Schwertern in der Brust hervor, die im linken Seitenschiff zu besichtigen ist (Mo–Sa 10–17 Uhr).

Der Kirchenvorplatz, der **Campo di Rialto,** nach dem Brand 1513 von Arkadenbauten Scarpagninos eingefasst, diente der Bekanntgabe von Dekreten, Steuerverordnungen und Gesetzen. Der nackte kniende Mann, der die Stufen des Steintreppchens auf dem Campo di Rialto trägt, wurde als **Gobbo di Rialto** (»Buckliger von Rialto«) eine volkstümliche Figur. Auch in der »Republik« Venedig, einer Oligarchie, gab es viele weniger Wohlhabende, die sich angesichts drückender Steuerforderungen in fatalistischem Humor mit dem *gobbo* identifizierten. Il Gobbo war zudem Zielpunkt eines erniedrigenden Laufs, bei dem Straftäter splitternackt vom Markusplatz bis Rialto laufen mussten.

Die Goldschmiedestraße mündet in einen kleinen Platz, wo es rechts zum Markt geht. Nach dem Arkadendurchgang zum Ufer des Canal Grande erblickt man auf der anderen Seite die veneto-byzantinische Ca' da Mosto › S. 64.

MERCATO DI RIALTO 57 ⭐ D3

Der Rialtomarkt unweit der Rialtobrücke war einst der bedeutendste und ist heute Venedigs schönster Markt. Fangfrisch aus der Lagune kommt der Fisch seit 1907 in die **Pescheria,** die neugotische Fischmarkthalle.

Auf der **Erberia,** dem pittoresken Obst- und Gemüsemarkt, erlebt man zwischen kunstvoll drapierten Artischocken und Zucchini ein authentisches Stück Venedig. › mehr S. 15 Punkt ⓱ An Werktagen (außer Mo) wird hier vormittags Markt abgehalten. Mittags, kurz vor Ende der Marktzeit, erreicht der Lärmpegel der Marktschreier ohrenbetäubende Dimensionen.

ZWISCHENSTOPP: RESTAURANTS

Poste Vecie ❹ €€ D3

Im ältesten Restaurant Venedigs, nahe dem Fischmarkt, werden täglich frisch vom Rialtomarkt Fisch und Gemüse angeliefert. Die traditionellen venezianischen Gerichte genießt man im Sommer im schönen Patio mit Tischen im Freien. Di geschl.
- San Polo 1608 | Rialto (Pescheria) Tel. 041 72 18 22 | www.postevecie.com

Cantina do Mori ❺ € D3

Schon seit 1462 gibt es das kleine Traditions-Bàcaro unweit des Marktes, und seither hat sich nicht allzu viel verändert. Der Wein ist gut, und das Stockfischmus, mit dem hier kleine Weißbrotscheiben bestrichen werden, gilt als das beste Venedigs.
- San Polo 429 | Calle dei do Mori Tel. 04 15 22 54 01

Nach dem Marktbesuch Einkehr ins Do Mori, ein uriges kleines Bàcaro

RUGA VECCHIA SAN GIOVANNI

Weiter geht es in die Ruga Vecchia San Giovanni. Zwischen den Häusern ragt der Campanile der versteckten Kirche **San Giovanni Elemosinario** 58 ▮ D3 auf, die nach dem Brand von 1513 neu errichtet wurde. Sie birgt Gemälde des Farbvirtuosen Pordenone, eines Rivalen von Tizian, sowie Werke von Tizian und Domenico Tintoretto (Mo–Sa 10.30–13 Uhr, Choruskirche › S. 153).

Die Ruga Vecchia San Giovanni und ihre Fortsetzung, die Rughetta del Ravano, sind die Adern dieses typischen Einkaufsviertels. Nach links biegt der **Rio Terrà San Silvestro** zur Kirche **San Silvestro** 59 ▮ D4 ab. Sie ist ein Beispiel für bedenkenlose Restaurierung im 19. Jh. Die Kirche, die auf das 9. Jh. zurückgeht, birgt ein spätgotisches Altarbild (14. Jh.) an der linken Seitenwand und die »Taufe Christi« von Jacopo Tintoretto am ersten Seitenaltar rechts.

Die Ladenstraße öffnet sich auf den kleinen Campo San Aponal mit der Kirche **Sant'Apollinare** 60 ▮ D3 (venez.: Aponal) aus dem 11. Jh., die im 15. Jh. gotisiert wurde.

CAMPO SAN POLO

Nach San Marco ist dies der zweitgrößte Platz Venedigs. Hier fanden einst aufwendige Bälle, Paraden und sogar Stierhatzen statt, während sich die armen Leute auf den Kleidermärkten günstig versorgen konnten. Heute ist der Campo im Winter das Herz des venezianischen Karnevals und im Sommer ein beliebter Treffpunkt der Venezianer.

Im gotischen **Palazzo Soranzo** (Nr. 2169–2171) ging Casanova › S. 86 ein und aus. 1548 wurde auf dem Campo Lorenzo de' Medici ermordet, der sich zuvor selbst des Mordes schuldig gemacht hatte.

Die **Chiesa di San Polo** 61 ▮ C4 betritt man durch das gotische Portal am rechten Seitenschiff. Den im 19. Jh. restaurierten Innenraum der Kirche aus dem 9. Jh. überwölbt eine hölzerne Schiffsdecke aus den Werkstätten der Seefahrerrepublik. An der Rückwand links vom Eingang hängt Tintorettos epochales

STIMMUNGSVOLLE CAMPI

- **Campo San Polo** › S. 95: Der Platz besticht durch seine herbe Eigentümlichkeit und ist ein schöner Ort für eine Rast.
- **Campo Santi Giovanni e Paolo** › S. 119 (Castello): Die Fassaden der ehemaligen Scuola Grande di San Marco und der Dominikanerkirche Santi Giovanni e Paolo machen ihn zu einem der eindrucksvollsten Plätze Venedigs.
- **Campo Santa Margherita** › S. 136 (Dorsoduro): An Sommerabenden ein beliebter Treffpunkt der Studenten, die den Campo bevölkern oder auf ein Glas Wein einkehren.
- **Campo San Barnaba** › S. 136 (Dorsoduro): Mehrere Restaurants, ein Bàcaro, das angestrahlte Kirchenportal – der kleine Campo ist ein hinreißender Platz an lauen Sommerabenden.

Abendmahl. Der kühne Entwurf bewältigt das schwierige Handtuchformat und schafft durch geniale malerische Komposition eine fesselnde Dynamik.

Auch die Tiepolos beschenkten San Polo reich mit Kunstwerken. Vom Vater Giovanni Battista Tiepolo stammt das Gemälde, das die »Vision des hl. Johannes Nepomuk« anschaulich darstellt. In der umgebauten ehemaligen Vorhalle findet man die **14 Kreuzwegstationen** »Via Crucis« seines Sohnes Giovanni Domenico (tgl. 10.30–16.30 Uhr, Choruskirche › S. 153).

CAMPIELLO
ALBRIZZI 62 🏛 C/D3

Die Calle de la Furatola führt über eine Brücke, die ein idyllisches Panorama bietet. Die erste Abzweigung, die Calle Stretta, mündet in den kleinen **Campiello Albrizzi** mit dem gleichnamigen, nach wie vor im Familienbesitz befindliche Palast – ein typisches Beispiel für ein venezianisches Patrizierhaus des 17. Jhs.

Über die Calle Albrizzi geht es dann schräg rechts in den Durchgang Carampane, der in die breite Calle dei Botteri übergeht, eine Ladenstraße, die sich bis zum Canal Grande zieht.

SAN CASSIANO 63 🏛 D3

Auf halbem Weg gelangt man links zur Kirche San Cassiano (Cassan). Sie gehört zu den im Schnellverfahren hochgezogenen Kirchen Venedigs. Im Überfluss der Ausstattung gehen die Altarraumgemälde von Jacopo Tintoretto fast unter. Die gespenstisch mit einem Lanzenwald im Hintergrund dargestellte **Kreuzigungsszene** an der linken Wand des Altarraums spricht durch ihre Komposition. Gegenüber steht der Erlöser in der Vorhölle. Der erste Altar im rechten Seitenschiff der Kirche umrahmt ein heiter-gelöstes spätmittelalterliches Gemälde: Dargestellt ist Johannes der Täufer im Kreise der Heiligen Peter, Paul, Markus und Hieronymus.

PALAZZO MOCENIGO 64 🏛 C3

Allein sieben Dogen entstammten der Familie Mocenigo, die im 16. Jh. den Palazzo in der Nähe des Canal Grande erbaute. Heute ist hier ein bemerkenswertes Museum unterge-

---

💬 **ZERSTREUUNG FÜR DAS VOLK**

Die Feste der Republik waren zahlreich und vielfältig, und die großen Campi boten ein ideales Ambiente für Veranstaltungen aller Art. Die Stadtarchive sind voll von Beschreibungen. Auf Venedigs zweitgrößtem Platz, dem Campo San Polo, fanden Stier- und Bärenhatz als Volksbelustigung statt. Ballspiele mit einem bespannten Schläger sind vom Campo Santo Stefano überliefert. Auch heute noch verwandelt sich der Campo San Polo im Sommer in eine Freiluftarena. Die beliebten Open-Air-Kinoabende gibt es zwar zurzeit nicht mehr, aber los ist hier immer etwas.

bracht, in dem man sich mit der typischen Lebensweise vornehmer venezianischer Familien auseinandersetzen und die aufwendig gearbeiteten historischen Kostüme bewundern kann (Santa Croce 1992, Di–So 10–17, im Winter bis 16 Uhr, www.mocenigo.visitmuve.it, 8 €).

CA' PESARO 65 ⭐ 📱 D3

Schilder weisen zur **Galleria d'Arte Moderna** und zum **Museo d'Arte Orientale,** das Sammlungen von Kunstgegenständen aus dem Fernen Osten zeigt. Baldassare Longhena (1598–1682), führender Architekt des 17. Jhs. in Venedig, schuf den imposanten Palazzo Pesaro, in dem beide Museen untergebracht sind, nach dem Vorbild der Biblioteca Marciana. Die Galleria d'Arte Moderna sammelt seit 1902 moderne Kunst mit einem Akzent auf Venedig. Sie besitzt zudem die größte Sammlung Italiens an moderner Kunst aus dem Ausland, mit Werken u. a. von Utrillo, Rodin, Chagall, Kandinsky, Klee oder Picasso, eines der Meisterwerke ist Auguste Rodins Skulptur »Die Bürger von Calais« (Santa Croce 2076, April–Nov. Di–So 10–18, Nov.–März 10–17 Uhr, www.capesaro.visitmuve.it, 10 €).

SAN STAE 66 📱 C3

Die dem Hl. Eustachius geweihte klassizistische Kirche besitzt Werke von Tiepolo und ist zudem Grablege der Dogen Alvise Mocenigo II. und Marco Foscarini. Heute wird sie u. a. als Konzerthalle genutzt (Mo 13.45–16, Di–Sa bis 16.30 Uhr, Choruskirche › S. 153).

TOUR 6

VON SAN STAE ZUR CA' REZZONICO

VERLAUF: Fondaco dei Turchi › San Giacomo dall'Orio › Scuola Grande di San Giovanni Evangelista › Santa Maria Gloriosa dei Frari › Scuola Grande di San Rocco › San Tomà › Casa Goldoni › Ca' Rezzonico

KARTE: Seite 72
DAUER: Gehzeit 2–3 Std.
PRAKTISCHE HINWEISE:
- Der Rundgang beginnt an der Vaporetto-Station San Stae und endet an der Ca' Rezzonico.
- Er ist besonders geeignet für alle, die sich für Kirchen interessieren. Achtung: Manche sind sonntags geschlossen.

TOUR-START:

Der Weg führt über den Campo San Giacomo dall'Orio zur Frari-Kirche, weiter zur Scuola Grande di San Rocco mit den Tintoretto-Werken, zur Ca' Foscari und ins Univiertel bis zur Ca' Rezzonico.

FONDACO DEI TURCHI

Der Bau (6 › S. 64) geht aufs 13. Jh. zurück und beherbergte zunächst die Herzöge von Ferrara, deren Prunkentfaltung sprichwörtlich war – die Republik »lieh« sich den Palast für Staatsakte. Ab 1641 von türkischen Händlern als Warenlager genutzt, beherbergt er seit 1923 das **Museo di Storia Naturale** (Museum für Naturgeschichte) mit Funden aus der Lagune, einem Aquarium sowie Exponaten der regionalen Fauna und Flora (Juni–Okt. Di–So 10–18, Nov.–Mai Di–Fr 9–17, Sa und So 10–18 Uhr, letzter Einlass 1 Std. früher, www.msn.visitmuve.it, 8 €).

Der Ziegelbau (15. Jh.) daneben mit dem Markuslöwen an der Wand enthielt die Kornspeicher.

SAN GIACOMO DALL'ORIO

Vorbei an der kleinen Kirche **Zan Degolà** 67 ◼ C3 gelangt man zum baumumstandenen **Campo San Giacomo dall'Orio.** Der Platz wird dominiert von **San Giacomo dall' Orio** 68 ◼ C3, einem Komplex aus Kirche und Häusern, der bis auf das 9. Jh. zurückgeht und den ein archaischer Hauch umweht. Um zum Haupteingang zu gelangen, muss man um den gewaltigen quadratischen Campanile (12./13. Jh.) mit ungewöhnlichen Arkaden im Glockenstock herumgehen.

Wenn man sich unter die Vierung des Kirchenraums stellt und den Verlauf der **Holzdecken** aus dem 14. Jh. verfolgt, wird die kreuzförmige Anlage deutlicher. Im rechten Querschiff verdient eine dunkelgrüne ionische Säule aus der Antike Aufmerksamkeit. In der Vierung kann eine als frei stehender »Kelch« gestaltete **Kanzel** bewundert werden, die in der Eleganz ihrer farbigen Marmorintarsien ein Meisterwerk der Renaissance darstellt. Der Altarraum entspricht nur formal der ursprünglichen Anlage. Die Gestaltung stammt aus dem 16. Jh. Das imposante Kruzifix (Anfang 14. Jh.) kam erst 1960 hierher. Links vom Ausgang im rechten Querarm geht es in die **Sagrestia Nuova** (Neue Sakristei), deren Decke Paolo Veronese nach 1570 mit Fresken geschmückt hat.

Kehrt man in den Hauptraum zurück, folgt der 1604 fertiggestellte Anbau der **Cappella del Sacramento.** Ebenfalls angebaut in den Jahren 1621 bis 1624 wurde die Kapelle links vom Altarraum, die der Schmerzensmutter geweiht ist. Die durch strenge Linienführung beeindruckende Verkündigungsmadonna (14. Jh.) hat man erst 1972 aufgestellt. Das Kircheninnere birgt einen immensen Schatz an Kunstwerken aus verschiedenen Jahrhunderten (Mo–Sa 10.30–16.30 Uhr, Choruskirche › S. 153).

ZWISCHENSTOPP: RESTAURANT
Ae Oche 6 € ◼ C3
Nur wenige Schritte vom Campo San Giacomo dall'Orio entfernt, bietet die beliebte Pizzeria eine gute Auswahl zu für Venedig günstigen Preisen.
• Santa Croce 1552/A | Tel. 04 15 24 11 61 www.aeochesangiacomo.it

ZUR SCUOLA GRANDE DI SAN GIOVANNI EVANGELISTA
69 ⭐ ◼ C3

In der Mitte der Häuserfront gegenüber der Kirche verlässt die Calle del Tentor den Platz. Kurz vor dem Ponte del Parruchetta lohnt sich der Abstecher nach links für einen Blick auf den **Campo San Boldo:** Hier wurde ein abgebrochener Campa-

Der prächtige Eingang zur Schule der Johannesbruderschaft stiehlt dem Gebäude die Schau

nile in ein Wohnhaus integriert. Nach dem Passieren der Brücke führt der Rio Terrà Primo rechts zur Calle della Chiesa, die nach rechts über eine Brücke in die Calle di Ca' Donà übergeht; sie mündet in den **Campo Santo Stin.**

Mit ein paar Schritten ist die **Scuola Grande di San Giovanni Evangelista** in der Calle de la Laca erreicht. Die Schule › S. 55, die auf das Jahr 1261 zurückgeht, birgt Meisterwerke von Tiepolo und Tintoretto – darunter ein Selbstbildnis des Künstlers. Leider ist sie nur im Rahmen von Veranstaltungen zu besichtigen. Den Vorhof machte Pietro Lombardo 1481 zu einem Schatzkästlein aus Marmor: Korinthische Halbsäulen und fein ziselierte Dekorationen am Fries gliedern den Hof, dessen Zentrum das Portal mit dem Adler des Evangelisten Johannes bildet. Im Sommer ist dies ein beliebter Ort für Künst-

ler, die hier mit ihren Staffeleien sitzen und die eindrucksvolle Fassade auf Papier bannen.

Die Calle del Caffetier und del Magazzen führen zum Rio Terrà San Tomà, der Rückseite des Staatsarchivs. Über zwei Brücken gelangt man zum **Campo dei Frari.**

SANTA MARIA GLORIOSA DEI FRARI 70 6 ▮ C4

Die Kirche ist eines der wenigen gotischen Gotteshäuser › S. 52 in Venedig. Der Bettelorden der Franziskaner kam 1222 nach Venedig, erhielt 1250 das Gelände und baute von 1340 an etwa ein Jahrhundert lang an der heutigen Kirche, deren Hauptaltar 1469 geweiht wurde. Fassade und bauliche Gestaltung des Innenraums entsprechen den Regeln des Bettelordens, der eine schlichte Funktionalität anstrebte: Ziegelsteine statt Marmor und Gold. Als Grabstätte bedeutender

Tizians »Assunta« in der Frari-Kirche

Familien wie der des Dogen Pesaro sammelte die Frari-Kirche jedoch im Lauf der Zeit auch Kunstwerke an, die weniger geglückt ausfielen.

Untrennbar mit der Frari-Kirche ist der Name des Malers Tizian (1488–1576) verbunden, der hier seine letzte Ruhe fand. Ein antiker Tempel samt Markuslöwen ziert sein Grab. Tizians **Assunta** ⭐ (Mariä Himmelfahrt) gehört zu den epochalen Werken der Malerei. Sie hängt im Hauptaltarraum und bildet den Blickfang des 102 m langen Kirschenschiffs. Gegenüber von Tizians Grab zieht das als Pyramide gestaltete Mausoleum des Bildhauers Antonio Canova (1757–1822) alle Blicke auf sich.

Die **Marmor-Chorschranken** stammen aus dem 15. Jh., wurden von Bartolomeo Bon spätgotisch begonnen und von Pietro Lombardo im Stil der Frührenaissance vollendet. Sie bilden die Umrahmung des **Chorgestühls,** dessen reiche Schnitzereien genauere Betrachtung verdienen. Ein weiteres Glanzstück findet man in der Sakristei, die man vom rechten Seitenarm aus erreicht: In ihrer Altarnische, der **Cappella Pesaro,** hängt ein Meisterwerk der Frührenaissance. Derart unschuldige und liebliche Madonnengesichter malte nur einer: Giovanni Bellini (1430–1516). Die **Madonna mit Kind und musizierenden Putten** in der Frari-Sakristei besticht vor allem durch ihre raffinierte Komposition.

Die Kirche bildet nur einen Teil der Anlage; in den angeschlossenen zwei Kreuzgängen ist das **Archivio di Stato** (Staatsarchiv) untergebracht, wo die Dokumente der Republik bis zu ihrem Erlöschen im Jahr 1797 lagern. Der imposante Campanile (nur der von San Marco ist höher) wurde 1396 vollendet (Mo–Sa 9–18, So 13–18 Uhr, Choruskirche › S. 153).

SCUOLA GRANDE DI SAN ROCCO 71 7 📱 C4

Die reich gegliederte Fassade der Scuola Grande di San Rocco spiegelt das Repräsentationsbedürfnis der Bruderschaft des hl. Rochus wider, die durch den Kult um den Pestheiligen in der ständig von Seuchengefahr bedrohten Stadt Venedig großes Ansehen erlangt hatte.

Der Ruhm der Scuola beruht jedoch auf der prachtvollen Innenausstattung von Jacopo Tintoretto (1518–1594). Über 20 Jahre arbeitete der produktive Künstler an dem großartigen Bilderzyklus, der sein viel bewundertes Hauptwerk werden sollte. Mehr als 30 Leinwände stellen Szenen aus dem Marienleben, der Passionsgeschichte und dem Alten Testament dar – geschildert in einem düsteren Grundton und in einer dramatischen Bewegtheit, in der sich die Wirren der damaligen Zeit spiegeln. Seine Mitbewerber hatte Tintoretto dabei ausgetrickst, indem er statt der gewünschten Skizze direkt ein fertiges Gemälde lieferte – was natürlich auf große Bewunderung stieß. Wer sich Tintorettos Deckengemälde näher vor Augen holen möchte, kann einen der in der Scuola bereitliegenden Spiegel nehmen.

Im **Untergeschoss,** dem traditionellen Empfangsraum der Schulen ▶ S. 55, malte Tintoretto Szenen aus dem Neuen Testament, von links nach rechts folgen aufeinander Mariä Verkündigung, Anbetung der Hl. Drei Könige, Flucht nach Ägypten, Kindermord von Bethlehem, Maria Magdalena, Ägyptische Maria, Beschneidung und Mariä Himmelfahrt.

Das **Treppenhaus** (1544/46) von Scarpagnino, reich mit Gemälden versehen, die auf die Pestepidemien 1576 und 1630 anspielen, führt in den **Hauptsaal.** Der überwältigende Eindruck beruht auf der gegenläufigen Fußboden- und Decken-

---

💬 BÀCARO – DIE OSTERIA ALS LEBENSFORM

Ab 11 Uhr vormittags füllen sich die Lokale. Handwerker legen ein Päuschen ein, Studenten und Künstler beginnen den Tag, die Signora erholt sich vom Einkauf, und die alten Herren treffen sich auf einen Plausch. Dazu braucht man eine solide Grundlage, und die besteht in Venedig aus einer *ombra* (ital.: Schatten), einem Gläschen Wein, und einigen *cicchetti,* ein paar Häppchen. Die *ombra* unterbricht den venezianischen Alltag immer wieder für ein paar köstliche Minuten, die man im Bàcaro verbringt, in Weinschenken, die schon mit ihrem Namen dem Weingott Bacchus huldigen. Das mag ein wenig irreführen, denn schließlich finden hier keine ausschweifenden Bacchanale statt, vielmehr gibt man sich äußerst diszipliniert. Man trinkt gerade mal 0,1 l Wein, denn mehr ist eine *ombra* nicht, und isst dazu eine Kleinigkeit.

Der Ausdruck *andar per ombra* stammt noch aus dem Mittelalter, als fliegende Händler den Wein verkauften und sich im Schatten des Campanile auf dem Markusplatz aufhielten, wo der Wein kühl blieb. Gewissermaßen geht man auch heute noch »in den Schatten«, wenn man einen traditionellen Bàcaro aufsucht, denn anders als die touristischen Lokale liegen die Weinschenken der Venezianer nicht an den belebten Trampelpfaden zwischen Piazzale Roma und Piazza San Marco, sondern eher etwas abseits.

gliederung: In der **Sala d'Albergo** widmete Tintoretto die Wandbilder der Passionsgeschichte, die Decke der Verherrlichung des hl. Rochus. Atemberaubend ist die **Kreuzigung** im Nebenraum, die die gesamte Wand einnimmt und zu den Hauptwerken Tintorettos zählt.

Die Kirche **San Rocco** gegenüber, die mehrere großformatige Gemälde Tintorettos birgt, wurde Ende des 15. Jhs. erbaut, um die neu erworbenen Gebeine des hl. Rochus aufzunehmen. Die Rochus-Bruderschaft existiert heute noch. Und so wird nach wie vor, wie zur Zeit der Dogen, jedes Jahr am 16. August der Rochustag gefeiert – inzwischen aber nicht mehr mit einem Festbankett, sondern mit dem **San-Rocco-Festival,** bei dem Barockmusik den Ton angibt (Campo San Rocco, San Polo 3052, Scuola und Kirche tgl. 9.30–17.30 Uhr, letzter Einlass 17 Uhr, www.scuolagrandesanrocco. it, 10 € inkl. Audioguide).

SCUOLA DEI CALEGHERI UND SAN TOMÀ

Auf der Höhe des Campanile der Frari-Kirche führt die Calle Larga Prima zur Rückseite der **Scuola dei Calegheri (Calzolai)** 72 ▐ C4 mit einer schlicht-zurückhaltenden Fassade aus dem 15. Jh. Man muss diese »Schule der Schuster« umrunden, um auf den Campo San Tomà zu gelangen.

Die klassizistische Kirche **San Tomà** 73 ▐ C4 von 1742 rundet das Bild ab. An ihrer linken Flanke entlang kommt man über die Brücke San Tomà zur Casa Goldoni.

CASA GOLDONI 74 ▐ C4

In dem gotischen Haus wurde 1707 der Komödiendichter Carlo Goldoni geboren. Es ist heute teils theaterwissenschaftliches Institut, teils Museum, das mittels multimedialer Technik über Leben und Werk des größten venezianischen Bühnenautors informiert (San Polo 2794, April–Okt. Do–Di 10–17, Nov.–März 10–16 Uhr, www.carlo goldoni.visitmuve.it, 5 €).

In der nahe Calle Seconda dei Saoneri fertigt und verkauft **Gilberto Penzo** detailgenaue Modelle von Gondeln und Schiffen der Serenissima. › mehr S. 17 Punkt 31

CA' FOSCARI UND CA' REZZONICO

Über den Rio della Frescada und den Rio Foscari gelangt man zum Innenhof der **Ca' Foscari** 18 › S. 66), einem spätgotischen Palast und Sitz der Universität. Die Straße öffnet sich dann auf einen pittoresken Platz, von dem die Calle Capeler abgeht, kommt am Rio di San Barnaba heraus und folgt links dem Ufer zur **Ca' Rezzonico** 19 › S. 66). Der Barockbau von Longhena beherbergt heute das **Museo del Settecento Veneziano** (Museum des 18. Jhs.), das einen Eindruck vom adligen Leben dieser Zeit gibt: Stuck, Marmor, Teppiche, erlesenes Mobiliar, wertvolle Fresken. Dazu eine Galerie mit Genrebildern Longhis und Guardis, eine alte Apotheke und ein kleines Theater (Dorsoduro 3136, April–Okt. Mi–Mo 10–18, Nov.–März 10–17 Uhr, www. carezzonico.visitmuve.it, 10 €).

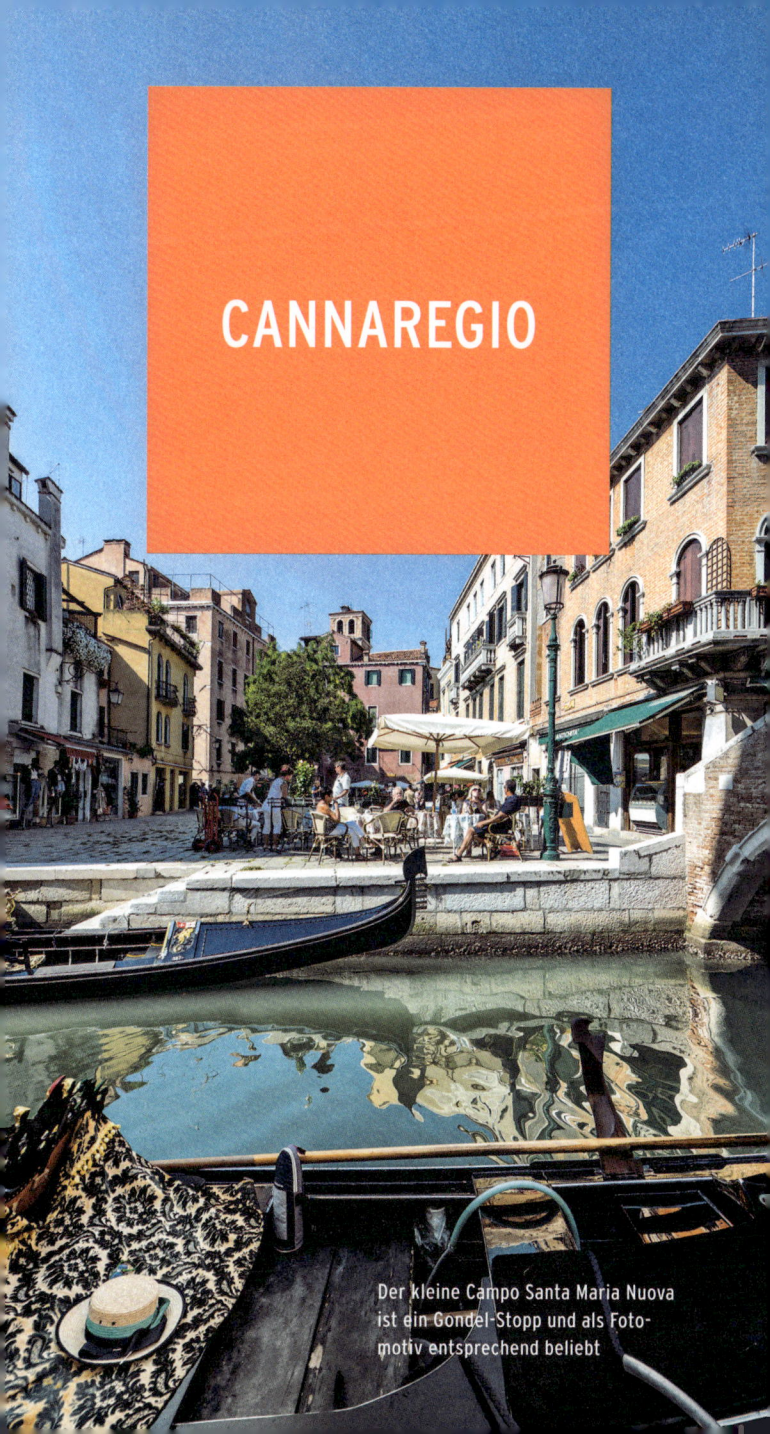

CANNAREGIO

Der kleine Campo Santa Maria Nuova ist ein Gondel-Stopp und als Foto-motiv entsprechend beliebt

Venedigs am dichtesten besiedeltes Viertel ist eines, in dem die Stadt noch kein Museum ist. Wohnhäuser, Bars und kleine Handwerksbetriebe, Paläste und Kirchen bilden ein kontrastreiches Mosaik aus Musealem und Alltäglichem.

Das Schilfrohr *(canna)*, das am Rand der Lagune wuchs, gab diesem Stadtteil, der sich zur Lagune hin öffnet, seinen Namen. In Cannaregio hatten zahlreiche Händler ihren Wohnsitz, hier wurden an den breiten Kanälen Gewürze, Stoffe, Kaffeebohnen und viele andere Waren umgeschlagen, die zuvor auf dem Seeweg in die Stadt gelangt waren. Die Bindung an Byzanz begünstigte den Fernhandel; Venedig bot Fisch und Salz, importierte dafür begehrte Konsumgüter wie Gewürze und feine Stoffe.

Heute präsentiert sich das malerische, nördlich des Canal Grande gelegene Sestiere als äußerst facettenreich. Ruhige, bescheidene Wohnviertel kontrastieren mit prächtigen Palazzi am Canal Grande; ungewöhnlich breite Kanäle und fast schnurgerade Fondamente sorgen für gute Orientierung und entspanntes Bummeln. Hektische Betriebsamkeit herrschen dagegen im Bahnhofsviertel und auf der lebhaften Einkaufsmeile Strada Nova, Venedigs einziger wirklicher Straße. Mit der Madonna dell'Orto, der Gesuiti-Kirche und der Santa Maria dei Miracoli besitzt Cannaregio drei der sehenswertesten Sakralbauten der Stadt. Auf keinen Fall versäumen sollte man den Besuch des ehemaligen jüdischen Ghettos.

In Cannaregio wohnen und arbeiten noch viele der immer weniger werdenden Venezianer

TOUREN IN CANNAREGIO

TOUR 7

VON SANTA LUCIA ZUM GHETTO

VERLAUF: Bahnhof Santa Lucia › Chiesa degli Scalzi › Campo San Geremia › Ghetto

KARTE: Seite 106
DAUER: 3 Std. inkl. Führung durch das Ghetto
PRAKTISCHE HINWEISE:
- Ausgangspunkt ist die Vaporetto-Station Ferrovia.
- Vom Ghetto aus ist Ponte delle Guglie der nächste Anleger.

TOUR-START: SANTA MARIA DEGLI SCALZI **1** 🏛 B3

Auf der Bahnhofsseite steht kurz vor der Scalzi-Brücke die 1654–1705 erbaute Kirche mit üppigem Figurenschmuck an der Fassade. Das im Ersten Weltkrieg fast vollständig zerstörte Gotteshaus birgt das Grab von Ludovico Manin, dem letzten Dogen von Venedig. Giuseppe Sardi entwarf die Kirche, den Innenraum gestaltete Baldassare Longhena. Im Krieg wurde auch die von Tiepolo ausgemalte Decke zerstört (Entwurf in der Accademia). In der zweiten Kapelle rechts sowie in der ersten Kapelle links finden sich noch Tiepolo-Fresken (tgl. 7.30–11.50, 16–18.50 Uhr).

Den Ponte degli Scalzi über den Canal Grande gibt es erst seit 1858, als Venedig an das Bahnnetz angeschlossen wurde. 1934 ersetzte man die ursprüngliche Eisenkonstruktion durch die heutige Steinbrücke.

CAMPO SAN GEREMIA **2** 🏛 C2/3

Gegenüber der Anlegestelle Riva di Biasio steht die Kirche **San Geremia** mit den Reliquien der Hl. Lucia aus Syrakus. Da die Kirche an der Mündung des Cannaregio-Kanals in den Canal Grande liegt, erhielt sie auf beiden Seiten eine Fassade.

Gleich daneben präsentiert sich der **Palazzo Labia** **3** 🏛 C2 in monumentalem Klassizismus.

PONTE DELLE GUGLIE 🏛 C2

Vier Obelisken zieren die häufig fotografierte Brücke von 1580 mit ihren fratzenhaften Gesichtern am Ende der lebhaften Einkaufsstraße. Wer sie überquert, gelangt rasch zum ehemaligen jüdischen Ghetto.

PONTE TRE ARCHI

Alternativ spaziert man am linken Ufer zur Kirche **San Giobbe** **4** 🏛 B2. Ihr Portal schuf Pietro Lombardo 1477 (wegen Restaurierung geschl., Choruskirche › S. 153). Schlendert man weiter, gelangt man am Ende der Fondamenta zum ehemaligen Schlachthaus **Ex-Macello** **5**, erkennbar an steinernen Tierschädeln an der Fassade. Hier landete das Schlachtvieh vom Festland an. Auf dem gleichen Weg geht es dann zu-

TOUREN IN CANNAREGIO

TOUR ⑦

VOM BAHNHOF SANTA LUCIA
ZUM GHETTO

1 Santa Maria degli Scalzi
2 Campo San Geremia

3 Palazzo Labia
4 San Giobbe
5 Ex-Macello
6 Jüdisches Ghetto

TOUR ⑧

VON SANT'ALVISE ZUR RIALTOBRÜCKE

7 Kirche Sant'Alvise
8 Madonna dell'Orto
9 Campo dei Mori
10 Tintoretto-Haus
11 Campo della Maddalena

12 Ca' d'Oro
13 Santi Apostoli
14 Santa Maria Assunta dei Gesuiti
15 Santa Maria dei Miracoli
16 San Giovanni Crisostomo

rück bis zur dreibogigen Brücke **Ponte Tre Archi,** auf der man den Canale di Cannaregio überquert. Auf der anderen Uferseite läuft man am Kanal entlang, vorbei an der ehemaligen französischen Botschaft, in der J. J. Rousseau einst als Sekretär arbeitete, bis Wegweiser den Durchgang ins Ghetto kennzeichnen.

JÜDISCHES GHETTO 6 8 C2

1516 wies die Republik den angesehenen und im Wirtschaftsleben unentbehrlichen Juden den Bezirk der ehemaligen Eisengießerei zu, der seine Bezeichnung *gheto* (venezianisch: »Gießerei«) behielt. Von hier aus breitete sich die Bezeichnung Ghetto für den Zwangswohnbezirk von Juden in ganz Europa aus. Auf knappem Raum entstanden Synagogen, Schulen und achtstöckige Wohnhäuser; die Enge, in der die damals zunächst rund 700 Juden lebten, spürt man noch heute.

Im Ghetto Nuovo lebt heute wieder eine kleine jüdische Gemeinde

GESCHICHTE

Auch die venezianischen Juden wurden im Mittelalter diskriminiert. Der Handel zur See war ihnen untersagt, ebenso wie der Erwerb von Grundbesitz. Nach der Niederlage im Krieg gegen die Liga von Cambrai gab man den Juden die Schuld, die Venedig mit Kriegskrediten unterstützt hatten. Einem Senatsbeschluss vom 29. März 1516 folgend, wurden sie in ein isoliertes Stadtgebiet umgesiedelt, das nur zwei streng bewachte Zugänge besaß. Erst Napoleon öffnete das Ghetto, in dem nun rund 5000 Menschen lebten. Eine kurze Phase der Freiheit folgte. 1944 deportierten die Nazis rund 200 Juden in die Vernichtungslager.

Heute leben noch etwa 500 Juden verstreut in Venedig, darunter auch einige Orthodoxe, die im ehemaligen *Ghetto Ebraico* Restaurants und Geschäfte betreiben.

GHETTO VECCHIO

Durch das einstige **Ghettotor** betritt man das Alte Ghetto, wo früher drei der fünf Synagogen Venedigs standen. In die Wohnbebauung integriert, sind sie von außen kaum als Gotteshäuser zu erkennen.

Am Campiello delle Scuola befinden sich zwei Synagogen, die im Rahmen von Führungen besichtigt werden können: die **Scuola Spagnola** und die **Scuola Luzzatta.** Genutzt wurden sie von sephardischen Juden. Die **Scuola Levantina** besitzt eine reich geschnitzte Kanzel, ein Werk Andrea Brustolons. Ihre gedrehten Säulen sollen an den Tempel Salomons erinnern.

GHETTO NUOVO

Über den Ponte di Ghetto Vecchio erreicht man das von Polizei streng bewachte Neue Ghetto mit dem Campo di Ghetto Nuovo. Hier steht das **Holocaust-Mahnmal** »Der Abtransport« des litauischen Bildhauers Arbit Blatas (1908–1999). Linker Hand erinnert eine Gedenkstätte an die Deportation der 200 Juden im Jahr 1944. Vorbei an der **Scuola Italiana,** die man im Rahmen von Führungen besichtigen kann, und der **Scuola del Canton,** der Synagoge der Aschkenasim, gelangt man zur **Scuola Grande Tedesca,** einem der ältesten erhaltenen jüdischen Gotteshäuser. Von deutschstämmigen Juden erbaut, erfuhr sie im 18. Jh. eine erhebliche Umgestaltung.

Hier befindet sich auch das winzige **Museo Ebraico,** das Jüdische Museum. In zwei Räumen ist die Geschichte der venezianischen Juden dokumentiert; ausgestellt sind wertvolle Kultgegenstände (tgl. außer Sa und an jüdischen Feiertagen 10–19, im Winter bis 17.30 Uhr, www.museoebraico.it, 8 €). Von hier starten auch 40-minütige Führungen (stdl., auch in Englisch) in die äußerlich unscheinbaren, im Inneren jedoch prächtigen Synagogen und durch das Ghetto.

ZWISCHENSTOPP: RESTAURANTS
Koschere Küche probieren kann man u. a. im **Gam Gam** ❶ am Ghettotor (Cannaregio 1122). Auf dem Campo di Ghetto Nuovo bietet die **Locanda del Ghetto** ❷ jüdische Gerichte an, und in den kleinen Bäckereien wie Panificio Volpe Giovanni findet man traditionelle Süßwaren.

TOUR 8

VON SANT'ALVISE ZUR RIALTOBRÜCKE

> **VERLAUF:** Sant'Alvise › Madonna dell'Orto › Ca' d'Oro › Santa Maria dei Miracoli › San Giovanni Crisostomo › Rialtobrücke

> **KARTE:** Seite 106
> **DAUER:** reine Gehzeit 2–3 Std.
> **PRAKTISCHE HINWEISE:**
> • Ausgangspunkt ist die Vaporetto-Station Sant'Alvise, der Endpunkt der Tour ist Rialto.
> • Von den Fondamente Nuove kann man zu den Inseln Murano, San Michele oder Burano übersetzen › S. 141, 144.

TOUR-START:

Dieser Weg führt überwiegend durch das stille Cannaregio. Vor allem der Bummel entlang der Fondamenta della Misericordia, vorbei an kleinen Geschäften und winzigen Bàcari, gewährt Einblicke in das Alltagsleben der Venezianer.

SANT'ALVISE ❼ ▮ C2

In der Kirche sind gleich mehrere Werke von Tiepolo zu bewundern: die »Geißelung«, die »Dornenkrönung« und »Christus auf dem Weg zum Kalvarienberg«. Sant'Alvise wurde im 14. Jh. von der Adligen Antonia Venier erbaut und nach dem Bischof Ludwig von Toulouse

Von früheren Handelskontakten Venedigs zeugt die Maurenstatue am Tintoretto-Haus

benannt, der ihr im Traum erschienen war (Mo–Sa 10.30–16.30 Uhr, Choruskirche › S. 153).

MADONNA DELL'ORTO **8** ⭐ 📖 D2

Sie wird auch Tintoretto-Kirche genannt, denn der berühmte Maler Jacopo Tintoretto (1518–1594), der ganz in der Nähe lebte und in der Kirche seine letzte Ruhestätte fand, schenkte ihr einige seiner beeindruckendsten Werke. Ihren offiziellen Namen verdankt die Kirche einem in einem *orto* (Garten) gefundenen Marienbild. Die **Backsteinfassade** aus dem Jahr 1462 mit ihren Apostelfiguren und dem schön verzierten Portal ist ein Musterbeispiel der venezianischen Spätgotik.

Im **Inneren** faszinieren die Hauptwerke Tintorettos: »Jüngstes Gericht« (rechts) und »Anbetung des Goldenen Kalbs« (links) im Altarraum (beide 1546); in der vierten Kapelle des linken Seitenschiffs die »Erweckung des Licinius« (1579), am Eingang der Mauruskapelle des rechten Seitenschiffs »Marias Tempelgang« (1552). Angeschlossen ist ein kleines Kirchenmuseum (Mo–Sa 10–17, So, Fei 12–17 Uhr, außer zu den Gottesdienstzeiten, www.madonnadellorto.org).

CAMPO DEI MORI **9** 📖 D2

Kaum noch etwas erinnert an diesem stillen Platz daran, dass hier im Mittelalter Gewürze und andere Waren aus dem Orient und anderen fernen Ländern umgeschlagen wurden – nur die »Mori« mit ihren Turbanen. Die Venezianer nannten jeden, der für sie fremd war, *moro* (Maure). Am Campo dei Mori sind im rechten Eckhaus drei Mori-Statuen in die Fassade eingelassen. Sie stammen aus dem 13. oder 14. Jh. und sollen die Kaufleute Rioba, Sandi und Alfani Mastelli darstellen.

TINTORETTO-HAUS 10 D2

Nur wenig weiter stößt man auf die *Casa del Tintoretto*. Hier lebte der Maler bis zu seinem Tod 1594 – sein Name ist noch an der Klingel zu lesen. Neben dem Eingang steht eine vierte Maurenfigur mit Turban und orientalischer Kleidung.

CAMPO DELLA MADDALENA 11 D2

Blickfang ist die Rundkirche aus dem 18. Jh.; rechter Hand eröffnet sich ein malerisches Panorama aus Dächern und Kaminen. Nach der Brücke beginnt die Strada Nova, eine sehr belebte Ladenstraße.

CA' D'ORO 12 9 D3

Der Palast entstand zwischen 1422 und 1440; den Namen »Goldenes Haus« verdankt er der einst vergoldeten Fassade zum Canal Grande hin. Kaum vorstellbar, dass der gotische Palazzo einst in Ultramarinblau erstrahlte. Das erste Loggiageschoss zitiert die Außenfassade des Dogenpalasts. So vollkommen der Palast wirkt, er blieb unvollendet; die linke Ergänzung zum rechten Seitenflügel wurde nicht gebaut.

Heute ist in der Ca' d'Oro ein sehenswertes Kunstmuseum untergebracht: die **Galleria Franchetti**. Baron Franchetti, der letzte Besitzer des Palazzo, hatte wertvolle Gemälde, Gobelins und Plastiken aller Epochen zusammengetragen. Das Innere vermittelt ein anschauliches Bild von der Wohnkultur eines Patriziers im 15. Jh. Den Innenhof, in dem das außen angebaute Treppenhaus erhalten ist, zieren viele Kunstwerke, darunter der Marmorbrunnen vom Baumeister der Ca' d'Oro, Bartolomeo Bon.

Im **Atrium** des ersten Stocks ist Mantegnas berühmter »Hl. Sebastian« (um 1500) zu bewundern. Freskenfragmente Tizians und Giorgiones vom Fondaco dei Tedeschi und die Pordenones vom Kloster Santo Stefano hängen in der Halle des zweiten Stocks (Cannaregio 3932, Mo 8.15–14, Di–Sa 8.15–19.15, So, Fei 9–19 Uhr, www.cadoro.org, 11 €, 1. So im Monat Eintritt frei).

SANTI APOSTOLI 13 D3

In der Kirche Santi Apostoli mit ihrem auffallenden Campanile lag zeitweise Caterina Cornaro, Köni-

---

💬 MUSIK UND NUDELN HAUSGEMACHT

Obwohl es nicht mehr das ist, was es einmal war, steht das **Paradiso Perduto** (»Verlorenes Paradies«) noch immer auf Platz eins für Studentenfeten – mit improvisierten Musikevents. Jeder darf auf dem Podium mal auftreten (nach Voranmeldung), es ertönen vor allem Jazz- und Blues-Klänge. Da es im friedvollen Cannaregio aber ständig Probleme mit Musikkonzessionen gibt, hat das Lokal hausgemachte Spezialitäten zu seiner Existenzgrundlage gemacht, die von guten Weinen begleitet werden (Cannaregio, Fondamenta della Misericordia 2540, Tel. 041 72 05 81) ▶ S. 42.

gin von Zypern, begraben, bevor ihre sterblichen Überreste nach San Salvatore › S. 88 umgebettet wurden. Der Altar trägt mit der »Comunione di Santa Lucia« ein Hauptwerk Tiepolos (18. Jh.).

ZWISCHENSTOPP: RESTAURANT

Al Vagon ❸ €€ ▮ D3
Lauschig ist das Ambiente im *sotoportego* am beschaulichen Rio Santi Apostoli, wo man Spezialitäten wie *seppie alla veneziana* (Tintenfisch mit Polenta) und andere typisch venezianische Fisch- und Fleischgerichte genießt. Von der Ca' d'Oro über die Strada Nova zu erreichen. Di geschl.

• Cannaregio 5597
  Tel. 04 15 23 75 58

SANTA MARIA ASSUNTA DEI GESUITI 14 ⭐ ▮ E2

Ein Abstecher führt Richtung Fondamenta Nuove (Boote nach San Michele, Murano, Burano), denn die 1715–29 erbaute Jesuitenkirche mit ihrer barocken Fassade lohnt den Umweg. Nicht nur das vergoldete Deckengewölbe und die Wände aus grün-weißem Marmor beeindrucken, sondern auch Tizians Gemälde »Martyrium des heiligen Laurentius« links in der Seitenkapelle (tgl. 10–12, 15.30–17.30 Uhr).

SANTA MARIA DEI MIRACOLI 15 ⭐ ▮ E3

Versteckt zwischen schmalen Kanälen liegt dieses Renaissancejuwel im lombardischen Stil, von der Baumeisterfamilie Lombardo 1481 bis 1489 errichtet. Als Pietro Lombardo den Auftrag erhielt, an dieser Stelle eine Kirche für ein wundertätiges Madonnenbild zu errichten, hatte er nur wenig Raum zur Verfügung. Entstanden ist jedoch eines der schönsten sakralen Bauwerke Venedigs – noch dazu in »Insellage«. Wo sonst kann man in Venedig ganz um eine Kirche herumgehen? Besonders kunstvoll ist der erhöht liegende **Altarraum** gestaltet: feinste Marmorintarsien am Triumphbogen, Figurenreliefs an den Pfeilersockeln und ein Kreuz im lombardischen Stil aus farbigem Marmor als Blickfang. Der kostbare Stein stammt vermutlich aus Konstantinopel und wurde von Kreuzfahrern nach Venedig gebracht (tgl. 10.30–16.30 Uhr, Choruskirche › S. 153).

SAN GIOVANNI CRISOSTOMO 16 ▮ D3

Die Salizzada San Giovanni Crisostomo führt zur gleichnamigen Renaissancekirche (1497–1504), dem letzten Sakralbau Mauro Codussis in Venedig. Das Gotteshaus wurde an der Stelle eines Vorgängerbaus aus dem 9. Jh. errichtet, der einer Feuersbrunst zum Opfer gefallen war, welche auch das Wohnhaus Marco Polos zerstört hatte. Das Hauptaltarbild von Sebastiano del Piombo (1509–1511) zeigt San Giovanni Crisostomo; am ersten Seitenaltar rechts prangt Giovanni Bellinis Alterswerk »Santi Girolamo, Cristoforo e Agostino« (1513).

Rechts der Kirche beginnt eine Kette ineinander übergehender Höfe: Im **Corte Milion** lagen die Häuser von Marco Polo › S. 121. Von hier ist es nicht weit zum Teatro Malibran › S. 41 und zur Rialtobrücke.

CASTELLO

Venedigs historische Schiffswerft, das Arsenale, ist ein Relikt aus der Blütezeit der Serenissima

Der Osten Venedigs, traditionell ein Arbeiterviertel ohne Pomp und Prunk, ist geprägt vom Arsenale, der ehemaligen Schiffswerft der Serenissima. Auf dem Gelände der Giardini Pubblici findet alle zwei Jahre die Biennale statt.

Castello, Venedigs größtes Sestiere, erstreckt sich von San Marco nach Osten und grenzt im Norden an Cannaregio. Je weiter man sich vom Markusviertel entfernt, von der Riva degli Schiavoni mit ihren prunkvollen Palazzi, desto stiller wird es. Castello wird im Osten dominiert vom Arsenale, der riesigen historischen Schiffswerft, in der die Kriegs- und Handelsschiffe der Serenissima gebaut wurden.

Wer durch die stillen Gassen schlendert, ist mittendrin im venezianischen Alltag. Brücken verbinden den östlichsten Teil von Castello mit den kleinen Inseln San Pietro und Sant'Elena. Eine grüne Oase mit Springbrunnen, Spielplätzen und lauschigen Parkbänken bilden die Giardini Pubblici mit den Länderpavillons der Biennale. Nur alle zwei Jahre, während der Kunstbiennale, stehen sie im Zentrum des öffentlichen Interesses.

Castellos kulturelle Highlights liegen alle im Westen: die Scuola Dalmata di San Giorgio degli Schiavoni, die Kirche Santi Giovanni e Paolo sowie die benachbarte Scuola Grande di San Marco,. Nicht versäumen sollte man auch den Besuch der Pinacoteca Querini-Stampalia am netten Campo Santa Maria Formosa und natürlich die Santa Maria della Pietà an der Riva degli Schiavoni, die eng mit dem Namen Antonio Vivaldi › S. 116 verknüpft ist.

In Santa Maria della Pietà war Vivaldi als Lehrer und Chorleiter beschäftigt

TOUREN IN CASTELLO

VON DER RIVA DEGLI SCHIAVONI ZUM ARSENALE

VERLAUF: San Zaccaria › Santa Maria della Pietà › San Giorgio dei Greci › Palazzo Querini-Stampalia › Santa Maria Formosa › Santi Giovanni e Paolo › Scuola Dalmata di San Giorgio degli Schiavoni › Arsenale

KARTE: Seite 118
DAUER: Gehzeit 3 Std.
PRAKTISCHE HINWEISE:
- Startpunkt der Tour ist die Vaporetto-Station San Zaccaria, Endpunkt der Anleger Arsenale.
- Das Arsenale kann man nur im Rahmen der Biennale besichtigen.

TOUR-START:
Von San Marco aus führt dieser Spaziergang durch den westlichen Teil des Castello-Viertels – benannt nach der befestigten Dogenburg, dem Vorgängerbau des Dogenpalasts – bis zum Arsenale.

RIVA DEGLI SCHIAVONI
Im Namen der Uferpromenade klingen Venedigs einstige enge Bindungen an die dalmatinische Küste nach, deren Bewohner man verallgemeinernd Slawen nannte: *Riva degli Schiavoni* heißt »Ufer der Dalmatiner«. Das erste Gebäude an der Uferstraße sind die ehemaligen **Prigioni,** ein berüchtigtes und gefürchtetes Gefängnis, das ab 1589 errichtet wurde und zum Rundgang im Dogenpalast › S. 78 gehört. Ein berühmter Insasse war Casanova › S. 86. Hinter der Brücke steht ein dieser repräsentativen Lage angemessener Bau: der **Palazzo Dandolo** (15. Jh.), seit 1822 Hotel Danieli (www.danielihotelvenice.com).

SAN ZACCARIA 🟧1 🏛 E4
Nach der Brücke führt die zweite Abzweigung, ein niedriger Durchgang, zum **Campo San Zaccaria.** Die gleichnamige Kirche mit dem ehemaligen Konvent ist ein gewaltiger Komplex. Die Benediktinernonnen, darunter viele Töchter von Adel, die man zur »Besserung« in dieses Kloster gesteckt hatte, waren für ihren ausschweifenden Lebenswandel bekannt, aber die Geistlichkeit drückte beide Augen zu.

San Zaccaria wurde im 17. und 18. Jh. mit Gemälden geradezu tapeziert. Aus der Überfülle der Ausstattung ragt am zweiten linken Seitenaltar die »Thronende Madonna mit Kind« › Abb. S. 54 von Giovanni Bellini (1505) hervor. In der Athanasiuskapelle hängt am Altar von Vittoria ein Gemälde des jungen Tintoretto: »Die Geburt Johannes des Täufers« (Mo–Sa 10–12, 16–18, So 16–18 Uhr).

SANTA MARIA DELLA PIETÀ 2 🔲 E4

Das schlicht aussehende Kirchlein besticht durch innenarchitektonische Harmonie. An der Ausstattung des originellen elliptischen Innenraums wirkte Tiepolo mit, der die Decke bemalte; Giovanni Battista Piazzetta schuf den Hauptaltar (von Schülern nach seinem Tod 1754 vollendet), an dessen Decke wiederum Tiepolo die »Vier Kardinaltugenden« darstellte. Der Vorgängerbau der Kirche gehörte zu einem Waisenhaus samt Mädchenkonservatorium, an dem Antonio Vivaldi 1703–41 als Lehrer und Chorleiter beschäftigt war. Viele seiner Kompositionen entstanden hier. Heute finden in der Kirche regelmäßig Vivaldi-Konzerte statt (Programm: www.pietavenezia.org).

Die Drehtür des heutigen Hotels Metropol in der Calle della Pietà gehörte zu dem einstigen Kloster und der Kirche della Pietà und diente als »Babyklappe«. Unerwünschter Nachwuchs wurde hier anonym den Nonnen überlassen.

SAN GIORGIO DEI GRECI 3 🔲 E4

Nur noch wenige Mitglieder hat die griechisch-orthodoxe Gemeinde in Venedig, deren geistliches Zentrum die Kirche San Giorgio darstellt. Sie liegt im ehemaligen Griechenviertel, das vom 11. Jh. an Wohnsitz zahlreicher Hellenen war, die nach dem Ende des byzantinischen Reiches nach Venedig strömten. Sie besaßen eine Scuola, einen Friedhof und bildeten neben der jüdischen die größte nichtkatholische Bevölkerungsgruppe Venedigs. Auffällig an der San-Giorgio-Kirche ist der schiefe Turm. Man sollte im Sommer auf jeden Fall einen Moment im stillen, blumengeschmückten Kirchhof verweilen, bevor es wieder zurückgeht in die trubeligen Gassen – Bänke sind vorhanden.

💬 ANTONIO VIVALDI – »IL PRETE ROSSO«

Vom Vater soll der kränkliche Knabe die musikalische Begabung geerbt haben. 1678 wurde Antonio Lucio Vivaldi während eines Erdbebens in Venedig als Sohn eines Violinisten geboren. Er war 25 Jahre alt, als er nach eingehendem Theologiestudium die Priesterweihe erhielt und zunächst als Kaplan an der Kirche Santa Maria della Pietà wirkte, an die ein Waisenhaus für Mädchen angeschlossen war. Nachdem Vivaldi aus angeblich gesundheitlichen Gründen sein Priesteramt niedergelegt hatte, widmet sich »Il Prete Rosso« (»der rothaarige Priester«), wie er aufgrund seiner Haarfarbe genannt wurde, ganz seiner Leidenschaft: der Musik. Er wurde musikalischer Leiter am Ospedale della Pietà, komponierte Sonaten und Opern und war bald in ganz Europa berühmt. »Le Quattro Stagioni« (»Die vier Jahreszeiten«) ist eines seiner bekanntesten Werke. Im Jahr 1741 starb Vivaldi in Wien, seine Musik jedoch ist bis heute allgegenwärtig. Überall in Venedig finden Vivaldi-Konzerte statt, so auch in der Kirche Santa Maria della Pietà > s. oben.

Der Innenhof des Palazzo Querini-Stampalia ist wie ein japanischer Zen-Garten gestaltet

MUSEO DELL'ISTITUTO ELLENICO 4 ▮ E4

Direkt am Ponte dei Greci befindet sich neben der San-Giorgio-Kirche eines der bedeutendsten Ikonenmuseen Europas mit rund 150 wertvollen Ikonen, die meisten im nachbyzantinischen Stil (Castello 3412, Ponte dei Greci, tgl. 9–16.30 Uhr, www.istitutoellenico.org/museo).

ZWISCHENSTOPP: RESTAURANT

Al Giardinetto ❶ €€ ▮ E4
Seit mehr als 100 Jahren gibt es dieses beliebte Restaurant, in das die Gondolieri gern einkehren. Es ist bekannt für Fischspezialitäten und traditionelle venezianische Gerichte wie *fegato alla veneziana,* Kalbsleber mit gebratenen Zwiebeln. Im Winter sitzt man am lodernden Kaminfeuer, bei schönem Wetter im lauschigen Innenhof unter Weinreben. Do geschl.
• Castello 4928 | Ruga Giuffa
　Tel. 04 15 28 53 32 | www.algiardinetto.it

PALAZZO QUERINI-STAMPALIA 5 ▮ E4

Im Erdgeschoss des Baus aus dem 16. Jh. mit bunten Marmorscheiben wird im Rahmen von Wechselausstellungen Kunst von der Antike bis in die Gegenwart gezeigt, im zweiten Stock befindet sich eine Gemäldesammlung (14.–18. Jh.) mit Werken von Bellini, Palma il Giovane, Palma il Vecchio, Pietro Longhi, Tiepolo u. a.

Zur Sammlung gehört auch eine Kuriosität von 67 Genrebildern: »Scene di vita pubblica veneziana« (Szenen des öffentlichen Lebens in Venedig) von Gabriele Bella, entstanden Mitte des 18. Jhs., darunter Hafen-, Fest- und Theaterszenen. Konzerte und andere Kulturveranstaltungen runden das Angebot ab (Castello 5252, Sammlung und Ausstellungen Di–So 10–18 Uhr, www.querinistampalia.org, 14 €).

Auf dem Weg zur Santa Maria Formosa lohnt der Abstecher von der Ruga Giuffa zum **Palazzo Grimani** (16. Jh.). Einst befand sich hier die Antikensammlung der Stadt. Nach der 20 Jahre andauernden Restaurierung und Umgestaltung des Ausstellungsbereichs ist der Renaissancepalast mit seinen prächtigen Räumen nun wieder zu besichtigen (Castello 4858, Di–Sa 8.15–19.15, So 14–19, Einlass bis 18.30 Uhr, www. palazzogrimani.org, 5 €).

SANTA MARIA FORMOSA 6 E4
Die Kirche geht auf das 7. Jh. zurück; der Legende zufolge erschien dem hl. Magnus im Jahre 639 die Gottesmutter als wohlgestaltete (*formosa*) Matrone. Sie befahl ihm, dort ein Gotteshaus zu errichten, wo er eine weiße Wolke über einer Insel schweben sehe. In der heutigen Gestalt entstand die Kirche ab 1492. Viele *scuole* hatten hier Altäre und Kapellen (Mo–Sa 10.30–16.30 Uhr, Choruskirche › S. 153).

TOUREN IN CASTELLO

TOUR 9

VON DER RIVA DEGLI SCHIAVONI ZUM ARSENALE

1 San Zaccaria
2 Santa Maria della Pietà
3 San Giorgio dei Greci
4 Museo dell'Istituto Ellenico
5 Palazzo Querini-Stampalia
6 Santa Maria Formosa
7 Santi Giovanni e Paolo
8 Scuola Grande di San Marco
9 San Francesco della Vigna
10 Scuola Dalmata di San Giorgio degli Schiavoni
11 San Giovanni in Bragora
12 San Martino

TOUR 10

VOM ARSENALE ZUR ISOLA DI SAN PIETRO

13 Arsenale
14 Museo Storico Navale
15 San Pietro di Castello
16 Giardini Pubblici

ZWISCHENSTOPP: RESTAURANT

Al Mascaròn ❷ €€ 🍴 E4

Die Osteria gehört zu den populärsten
ihrer Art: An einfachen Holztischen lässt
man sich in lebhafter Atmosphäre Spaghetti mit Heuschreckenkrebsen oder
Tintenfisch schmecken, die Wände zieren
im Wechsel Werke zeitgenössischer v. a.
venezianischer Künstler.

• Castello 5225
  Calle Lunga Santa Maria Formosa
  Tel. 04 15 22 59 95
  www.osteriamascaron.it

CAMPO SANTI GIOVANNI E PAOLO 🍴 E3

Er ist zweifellos einer der beeindruckendsten Plätze Venedigs: Die
gotische Ziegelfassade der Dominikanerkirche Santi Giovanni e Paolo,
an die die ehemalige Scuola Grande
di San Marco anschließt, und das
kolossale **Reiterstandbild Colleo-
nis** machen seine Besonderheit aus.
Bartolomeo Colleoni war ein Con-
dottiere aus Bergamo, einer der in
Italien so früh auftretenden Berufs-

Das Reiterstandbild des Colleoni ist ein Meilenstein der Kunstgeschichte

soldaten ohne Vaterland. Er hinterließ der Republik Venedig nach seinem Tod 1476 ein beträchtliches, größtenteils aus Raubzügen stammendes Vermögen. Dafür verlangte er ein Standbild – seine Reiterstatue gehört seit ihrer Enthüllung 1496 zu den berühmtesten der Welt.

Zu einer Verschnaufpause lädt die **Pasticceria Rosa Salva** direkt am Platz ein. > mehr S. 14 Punkt ⓫

SANTI GIOVANNI E PAOLO 7 10 📖 E3

Sie ist neben der Frari-Kirche der größte gotische Sakralbau Venedigs. *Zanipolo*, wie die Venezianer die Kirche nennen, wurde 1234 gestiftet und im Lauf von zwei Jahrhunderten im Stil der Bettelordengotik vollendet. Den düsteren Innenraum teilen mächtige Säulenpfeiler – verbunden mit den für gotische Kirchen in Venedig typischen Holzbalken – in drei überwölbte Schiffe. San Zanipolo war von Anfang an Grablege der Dogen: 25 venezianische Staatsoberhäupter sind hier bestattet, außerdem Adlige, Admiräle und Künster. Bei der Besichtigung des Innenraums nimmt zunächst der gewaltige Raumeindruck gefangen und lenkt von der reichen und künstlerisch bedeutenden Ausstattung des Gotteshauses ab.

Rechts an der Innenfassade stößt man auf das Grabmal des Dogen Pietro Mocenigo, von Pietro Lombardo 1481 vollendet, ein Meisterwerk in Marmor. Am zweiten Seitenaltar rechts malte Giovanni Bellini 1465 die neun Szenen aus dem Leben des 1455 heiliggesprochenen Dominikanermönchs Vinzenz Ferrer und weiterer Heiliger. Die dritte Kapelle rechts birgt mit dem Deckengemälde ihres Titularheiligen, der »Verherrlichung des hl. Dominikus«, ein Hauptwerk von Giovanni Battista Piazzetta.

Im Hauptaltarraum sticht links das opulent verzierte Grabmal des Dogen Andrea Vendramin von Tullio Lombardo (um 1492) ins Auge. Die Rosenkranzkapelle im linken Querschiff schmücken Gemälde von Paolo Veronese. An der linken Seite erscheint am Grabmal des Dogen Tommaso Mocenigo (1414–1423) ein damals neues Motiv: Den goti-

schen Aufbau krönt ein in Stein ge-
hauener Baldachin, den man in Venedig häufig antrifft (Castello 6363,
Mo–Sa 9–18, So 12–18 Uhr, www.
basilicasantigiovanniepaolo.it).

SCUOLA GRANDE DI
SAN MARCO 8 ▮ E3

Die im rechten Winkel zur Kirchenfassade stehende Scuola Grande di
San Marco war der Bruderschaft der
Goldschmiede und Seidenhändler
gewidmet. Ihre hinreißend schöne
Renaissancefassade schmücken
mehrfarbige Marmorinkrustatio-
nen, die den Eindruck von Tiefe
erwecken sollten. Dahinter verber-
gen sich heute das Städtische Klini-
kum und ein medizinhistorisches
Museum (Di–Sa 9.30–17.30 Uhr,
www.scuolagrandesanmarco.it).

SAN FRANCESCO DELLA
VIGNA 9 ▮ F3/4

Manch einem mag der Platz an der
Kirche mit den Arkaden des Palazzo della Nunziatura Apostolica bekannt vorkommen. Der Eindruck

täuscht nicht: Hier befindet sich in
den Verfilmungen der Donna-Leon-
Krimis die Questura, das venezianische Polizeipräsidium. An diese
Stelle verlegt die Legende den Ort,
an dem ein Engel den Evangelisten
Markus aufweckte › S. 75. Ein kleines Markuskirchlein stand hier, bevor das Gelände ans Kloster kam.
Sansovino errichtete die Kirche
1534, Palladio entwarf die Fassade.
Im Inneren ist die **Cappella Giusti-
niani** (links vom Hauptaltar) sehenswert. Sie ist mit reichsten Mar-
morarbeiten der lombardischen
Schule (Ende 15. Jh.) ausgestattet.

Vom linken Querarm kommt
man in die **Cappella Santa.** Hier
hängt mit der »Madonna und vier
Heiligen« ein Gemälde Giovanni
Bellinis von 1507. Mit etwas Glück
(vor Ort nachfragen!) hat man die
Möglichkeit, den traumhaften Ge-
müsegarten des Klosters zu besichtigen, in dem u. a. der beliebte Fra-
golino-Wein mit unverkennbarer
Erdbeernote angebaut wird (Mo–Fr
9–12.30, 13.30–17.30 Uhr).

💬 EIN VENEZIANER ENTDECKT DIE WELT

Zweifel an seiner berühmten Chinareise wurden schon zu Lebzeiten **Marco
Polos** (1254–1324) laut und werden von der Wissenschaft immer wieder neu
entfacht. Dennoch gilt der aus einer venezianischen Kaufmannsfamilie stammende Abenteurer als erster Europäer, der das weithin unbekannte Asien
intensiv bereiste. Mehr als zwei Jahrzehnte, von 1271 bis 1295, verbrachte
Marco Polo in China, begab sich im Auftrag des chinesischen Kaisers u. a.
nach Tibet, lernte Persien, Afghanistan sowie die Wüste Gobi kennen und
kehrte schließlich auf abenteuerlichem Wege über Sumatra, Ceylon, die
Westküste Indiens und Persien nach Venedig zurück. Seine Reisebeschrei-
bungen, unter dem Titel »Il milione« veröffentlicht, sorgten für großes Auf-
sehen und wurden in mehrere Sprachen übersetzt.

SCUOLA DALMATA DI SAN GIORGIO DEGLI SCHIAVONI 10 ⭐ 📖 F4

Der zweistöckige Bau (Fassade von 1551) ist heute wegen seiner Gemälde eines der wichtigsten Museen der Stadt. Im Erdgeschoss hängt über der Holzvertäfelung ein Zyklus von Vittore Carpaccio (1465–1525), dem großen Geschichtenerzähler unter den venezianischen Malern. Er ist den dalmatischen Schutzheiligen Georg, Hieronymus und Trifon gewidmet. Das Besondere: In dieser Scuola, die 1451 gegründet wurde und bis heute im Bereich der Sozial- und Wohltätigkeitsarbeit aktiv ist, kann man die Kunstwerke noch an ihrem ursprünglichen Ort bewundern. Der erste Stock, in dem sich die Herberge der Scuola befindet, besitzt eine Prunkdecke aus bemaltem Holz (Castello 3259/A, www.scuoladalmatavenezia.com, Mo 13.30–17.30, Di–Sa 9.30–17.30, So 9.30–13.30 Uhr).

ZUR KIRCHE SAN MARTINO

Über den nahen **Campo Bandiera e Moro** mit dem gotischen **Palazzo Gritti-Badoer** (14. Jh.) und der Kirche **San Giovanni in Bragora** 11 📖 F4 gelangt man zur Kirche **San Martino** 12 📖 F4. Der Legende nach war sie schon im 7. Jh. ein Zufluchtsort für Vertriebene vom Festland, ihre heutige Gestalt geht auf einen Entwurf Jacopo Sansovinos aus dem Jahr 1540 zurück. Beachtung verdient der als Löwenmaul gestaltete Denunziationsbriefkasten an der Ziegelsteinfassade.

Nur einen Katzensprung entfernt befindet sich der sehenswerte Eingang zum Arsenale, der historischen Werft der Serenissima.

In Castello gibt es noch stille Fleckchen wie den Campo Bandiera e Moro

VOM ARSENALE ZUR ISOLA DI SAN PIETRO

VERLAUF: Arsenale › Museo Storico Navale › Isola di San Pietro › Giardini Pubblici

KARTE: Seite 118
DAUER: Gehzeit 2 Std.
PRAKTISCHE HINWEISE:
- Ausgangspunkt ist die Vaporetto-Station Arsenale, Endpunkt die Station Giardini.
- Das Museo Storico Navale ist bis auf die Schiffshalle (Rio della Tana) wegen Umbau geschlossen.

TOUR-START:

Das Arsenale, das Schifffahrtsmuseum und die im San-Marco-Becken vor Anker liegenden Luxusjachten: Wer sich für die Seefahrt und für Schiffe interessiert, darf sich diesen Rundgang nicht entgehen lassen.

ARSENALE 13 📖 F/G4

In der einstigen Schiffswerft entstanden zu Venedigs Blütezeit die Handels- und Kriegsschiffe der Serenissima. Rund 200 Schiffe sollen hier pro Jahr vom Stapel gelaufen sein. Das Arsenale war einst einer der am besten abgeschirmten Plätze der ganzen Republik: Hier schützten die Venezianer ihr Monopol der Schiffsproduktion. Die Anlage wurde im Jahr 1104 in Betrieb genommen und vergrößerte sich rasch auf 32 ha, später wurden hier auch Waffen gefertigt und Lagerhäuser errichtet. 16 000 Arbeiter waren im 16. Jh. im Arsenale beschäftigt.

Der **Triumphbogen** (1460) am Eingang mit dem 1688 aus Piräus entwendeten geflügelten Löwen und der Justizia (1578), den bevorzugten Symbolen der Venezianer, ist das früheste Beispiel der Renaissance in Venedig. Der Sieg über die Türken in der Seeschlacht von Lepanto (1571) machte das Arsenale-Portal zur Gedenkstätte, die spätere Siege immer weiter ausschmückten.

Das Arsenale ist bis heute Sperrbezirk des Militärs und daher für die Öffentlichkeit weitgehend unzugänglich. Seit einigen Jahren finden hier jedoch im Rahmen der Biennale Ausstellungen und Theateraufführungen statt – eine gute Gelegenheit, die imposante Anlage näher kennenzulernen › S. 125.

MUSEO STORICO NAVALE 14 ⭐ 📖 F5

Ein ehemaliger Kornspeicher an der Ecke zum Becken von San Marco beherbergt heute das bedeutendste Marinemuseum Italiens. Highlights der Ausstellung sind die historischen Schiffsmodelle, darunter ein Nachbau des letzten Bucintoro (1828), des reich mit vergoldetem Schnitzwerk verzierten Staatsschiffs der Dogen. Wegen Umbauarbeiten ist seit Längerem nur die Schiffshalle zu besichtigen (Padiglione delle Navi, Rio della Tana, Castello 2162/C, nahe Ponte dell'Arsenale, Riva San Biasio, tgl. 8.45–17 Uhr, 5 €).

LABORATORIUM DER AVANTGARDE

Angefangen hatte alles mit der bildenden Kunst. 1895 gründeten kluge Stadtväter die alle zwei Jahre stattfindende **Biennale,** die die jeweils aktuellen Positionen der Malerei und Bildhauerei präsentieren sollte. Rasch entwickelte sich die Biennale zu einer renommierten Ausstellung, von der wesentliche Impulse für die bildende Kunst ausgingen.

Schon 1895 zog die Ausstellung knapp 250 000 kunstinteressierte Besucher aus aller Welt an, 1909 waren es schon fast eine halbe Million. Das Konzept beruhte auf einer nationalen Ausstellungspraxis, und zahlreiche Länder errichteten nach und nach in den Giardini Pubblici Pavillons. Die Dynamik, die sich rund um die 29 Pavillons entwickelte, erfasste im ausgehenden 20. Jh. auch alle anderen Kunstformen.

Nach der die Kunst feiernden Werkschau »Viva Arte Viva« 2017, bei der Deutschland den Goldenen Löwen für den besten nationalen Beitrag bekam, findet die **58. Internationale Kunstausstellung** 2019 statt, die nächste 2021.

- **La Biennale di Venezia** C4
  Tel. 04 15 21 87 11
  info@labiennale.org
- **Kunst im Netz:**
  Geschichte der Biennale, Presse und Terminkalender unter
  www.labiennale.org

Alle zwei Jahre schaut auch die internationale Architekturszene nach Venedig

DAPERTUTTO

Im Zeichen der Globalisierung erwies sich die Ausstellung der Kunst in Länderpavillons als nicht mehr zeitgemäß. Man suchte also in den 1980er-Jahren nach Flächen für eine nicht länderspezifische Kunstschau. Und man fand das dAPER-Tutto, 9000 m² auf dem Gelände des Arsenale, der Werft aus dem 16. Jh. – alte Räume, die moderner nicht sein könnten. Besonders eindrucksvoll ist die 317 m lange, ehemalige Seilhalle *(corderie).*

VON DER BILDENDEN KUNST ZU THEATER UND TANZ

Die vielen Ansätze in den 1990er-Jahren, Venedig »neu zu denken«, machten auch vor der Biennale nicht halt. Angestrebt wurde ein dynamisches, experimentelles Laboratorium, in dem unabhängig vom Zweijahresturnus das ganze Jahr über Kunstformen erprobt werden. Seit 1998 gehören auch Tanz, Musik und Theater zum Programm. Ensembles, Gruppen und Solisten aus aller Welt präsentieren Ungesehenes und Ungehörtes.

Zwei Theater stehen als Spielorte zur Verfügung, deren Charakter zu Avantgarde verpflichtet: Das **Teatro Piccolo Arsenale** und das **Teatro alle Tese** befinden sich in den Arbeitshallen des Arsenale › S. 122, wo bereits der Veranstaltungsraum für sich ein Erlebnis ist.

- Infos zu Musik-, Tanz- und Theateraufführungen sind erhältlich bei **La Biennale – Settori Danza, Musica, Teatro** unter
  Tel. 04 15 21 88 98
  dmtsegreteria@labiennale.org

- Karten für die Tanz-, Musik- und Theaterbiennale können bequem einen Monat zuvor per Internet vorbestellt werden unter www.labiennale.org

FILME AM LIDO

1932 rief Venedig zusätzlich zur Kunstschau ein Filmfestival ins Leben, das jedes Jahr Ende August, Anfang September die internationale Filmprominenz auf dem Lido vereint und zu den wichtigsten Filmfestspielen der Welt zählt. Der als Preis vergebene Goldene Löwe *(Leone d'Oro)* gehört zu den begehrtesten Auszeichnungen der Branche. Herz des Filmfests ist der renovierte Palazzo del Cinema von 1937.

- **Palazzo del Cinema**
  Lungomare Marconi 30
  30126 Lido di Venezia
  Tel. 04 15 21 87 11
  cinema@labiennale.org

KUNST DES BAUENS – DIE ARCHITEKTURBIENNALE

Seit 1984 findet abwechselnd mit der Schau der bildenden Künste auf dem Gelände der Giardini Pubblici und im Arsenale eine internationale Ausstellung zeitgenössischer Architektur mit urbanen Visionen einer gebauten Welt von übermorgen statt – die 17. Biennale 2020. Die Schau steht jeweils unter einem Motto, 2018 war dies »Freespace« – die Architekten hatten die Aufgabe, »die Freigebigkeit des Geistes und den Sinn für Menschlichkeit als Grundlage der Architektur« in den Fokus zu rücken.

- **Biennale di Architettura**
  Tel. 04 15 21 87 11 | www.labiennale.org

VIA GARIBALDI

Weiter geht es auf der Via Garibaldi, einem aufgeschütteten Kanal, der heute wie eine Fußgängerzone wirkt. Die für Venedig außergewöhnlich breite Straße durchzieht ein lebendiges Wohnviertel mit pittoresken Ausblicken in die Nebenstraßen und geht wieder in einen Kanal mit Uferstreifen über, den Rio di Sant' Anna. Von der Brücke über den Canale di San Pietro eröffnet sich ein guter Blick auf die in diesem Viertel angesiedelten Werftbetriebe.

ISOLA DI SAN PIETRO

Die Insel San Pietro mit ihren beschaulichen Gassen war bis 1807 Sitz des venezianischen Bischofs. Daher hat **San Pietro di Castello** 15 🏛 G4 Ausmaße, die mit denen einer Dorfkirche nichts gemein haben.

Venedigs Stadtpark, die Giardini Pubblici

An der Fassade erkennt man wieder das Motiv säulentragender Dreiecksgiebel, mit dem Palladio arbeitete und das nach ihm benannt ist. Die Architektur des Innenraums geht ebenfalls auf Palladio zurück. Schmuckstück ist der marmorne Bischofsthron (Cattedra) zwischen dem zweiten und dritten Seitenaltar auf der rechten Seite. Der hl. Petrus soll ihn in Antiochia benutzt haben (Mo–Sa 10.30–16.30 Uhr, Choruskirche ▸ S. 153).

GIARDINI PUBBLICI 16 🏛 G5/6

Auf dem Rückweg nimmt man am besten die Calle Larga, die andere Brücke über den Canale di San Pietro. Von ihr lässt sich San Pietro mit der pittoresken Fassade und dem etwas schiefen Campanile, den Codussi zwischen 1482 und 1490 errichtete, gut überblicken.

Der Weg führt durch reizende Gässchen des Viertels **Campo di Ruga** zum Rio di Sant'Anna und zur Via Garibaldi zurück. An der Grünanlage biegt man links ein und steht vor dem rührenden Denkmal des Freiheitskämpfers Garibaldi: Er steht heroisch auf einem Felsen, an dessen »Abhang« schläfrig der Markuslöwe blinzelt.

Der Viale Garibaldi führt zu den **Giardini Pubblici**, dem Stadtpark, wo die Länderpavillons der internationalen Kunstbiennale ▸ S. 124 stehen. Hier präsentieren sich die einzelnen Nationen alle zwei Jahre mit ihrer Kunstproduktion.

Von der Anlegestelle Giardini Pubblici kann man per Vaporetto nach San Marco zurückkehren.

DORSODURO

Bei Al Bottegon am Ponte San Trovaso
treffen sich auch die Venezianer
gern auf ein Glas Wein und cicchetti

Dorsoduro ist trotz seiner Randlage eines der romantischsten Stadtsechstel Venedig. Mit den Gallerie dell'Accademia und der Collezione Peggy Guggenheim besitzt es zudem zwei hochkarätige Kunstmuseen.

Der im Südwesten gelegene Stadtteil zwischen internationalem Fährhafen, Piazzale Roma und Giudecca-Kanal wartet dank der Universitätsinstitute mit viel studentischem Flair auf. Nahe Accademia befinden sich elegante Geschäfte und erlesene Kunstgalerien, die sich mit ihrem Angebot von der üblichen Massenware deutlich abheben.

Mit den Gallerie dell'Accademia und der Collezione Peggy Guggenheim besitzt Dorsoduro zwei bedeutende Kunstmuseen, deren Besuch zum touristischen Pflichtprogramm gehört. Und an der Punta della Dogana zeigt ein weiteres aufsehenerregendes Museum moderne Kunst aus der Sammlung Pinault.

Touristen spielen in Dorsoduro sonst eher eine Nebenrolle. Am Campo San Trovaso geht noch ein Gondelbauer seiner Arbeit nach, und in den Bàcari sind die Bewohner meist unter sich. Auch am Campo San Barnaba und am Campo Santa Margherita bestimmen überwiegend die Einheimischen das abendliche Treiben, genau wie an den breiten Zattere, der Uferpromenade. Auf dieser kann man bis zur Punta della Dogana flanieren, die Redentore-Kirche auf der Giudecca zur Rechten. Die lang gestreckte stille Insel gehört ebenfalls zu Dorsoduro. Von hier bietet es sich auch an, auf die Klosterinsel San Giorgio Maggiore überzusetzen.

Der Ponte dell'Accademia führt zu den berühmten gleichnamigen Galerien

TOUREN IN DORSODURO

ZUM CAMPO SAN PANTALON

VERLAUF: Gallerie dell'Accademia › Palazzo Cini › Collezione Peggy Guggenheim › Santa Maria della Salute › Punta della Dogana › Santa Maria del Rosario o dei Gesuati › Chiesa di San Trovaso › Campo Santa Margherita › Campo San Pantalon

KARTE: Seite 130
DAUER: reine Gehzeit 2,5 Std., mit Besichtigungen 5–6 Std.
PRAKTISCHE HINWEISE:
- Ausgangspunkt ist die Vaporetto-Station Accademia, Endpunkt der Campo Santa Margherita, von wo aus man rasch die Vaporetto-Station San Tomà erreicht.

TOUR-START:

Diese Tour führt zu bedeutendsten Kunststätten Venedigs, bietet fantastische Ausblicke auf den Canal Grande und macht zugleich mit dem gemütlichen Sestiere Dorsoduro (*dorso duro* bedeutet »harter Rücken«) bekannt. Neben den Gallerie dell'Accademia ist eines der Highlights dieser Tour das Museum für zeitgenössische Kunst an der Punta della Dogana, das nicht nur hochkarätige Werke der Moderne bietet, sondern allein wegen seiner architektonischen Gestaltung durch den japanischen Stararchitekten Tadao Ando überaus sehenswert ist.

GALLERIE DELL' ACCADEMIA **1** 📖 C5

In 24 Sälen wird ein umfassender Überblick über die venezianische Malerei des 14. bis 18. Jhs. präsentiert. Die Kunstwerke der bedeutendsten Gemäldesammlung der Stadt stammen zum großen Teil aus ehemaligen Klöstern, Kirchen und Scuole. In einem ehemaligen Konvent, Santa Maria della Carità, wurden die Werke bereits seit 1807 sorgsam verwahrt. Glanzstücke der Sammlung sind die epochalen Werke der Frührenaissance von Bellini, Vivarini und Carpaccio sowie die der großen drei Meister der venezianischen Malerei des 16. Jhs.: Tizian, Tintoretto und Veronese. Der Eingang zu den Gallerie befindet sich am Kanal (Campo della Carità, Dorsoduro 1050, Mo 8.15–13.30, Di–So 8.15–18.15 Uhr, www.gallerie accademia.it, 12 €).

PALAZZO CINI **2** 📖 C5

Der Philanthrop und Mäzen Vittorio Cini (1885–1977), der in diesem Haus lebte, hinterließ eine bemerkenswerte Gemäldesammlung, vorrangig mit Werken toskanischer und ferraresischer Renaissancekünstler (Campo San Vio, Dorsoduro 864, Mi–Mo 11–18.15 Uhr, www.palazzocini.it, 10 €).

COLLEZIONE PEGGY GUGGENHEIM 3 12 D5

Die Gemäldesammlung der amerikanischen Kunstmäzenin Peggy Guggenheim (1898–1979) ist im Palazzo Venier dei Leoni untergebracht, ihrem ehemaligen Wohnhaus. Sie umfasst Meisterwerke der klassischen Moderne (u. a. von Marc Chagall, Piet Mondrian, Paul Klee, Jackson Pollock und Pablo Picasso). Häufig finden aufsehenerregende Wechselausstellungen statt.

Die Millionenerbin, die in zweiter Ehe 1941–1946 mit Max Ernst verheiratet war, hatte vielen Juden durch den Kauf ihrer Bilder die Flucht ermöglicht (Dorsoduro 701, Mi–Mo 10–17.30 Uhr, www.guggenheim-venice.it, 16,50 €).

SANTA MARIA DELLA SALUTE 4 D5

Am Ausgang des Canal Grande erhebt sich die weithin sichtbare Barockkirche. Während der Pestepide-

TOUREN IN DORSODURO

TOUR 11

ZUM CAMPO SAN PANTALON

1 Gallerie dell'Accademia
2 Palazzo Cini
3 Collezione Peggy Guggenheim
4 Santa Maria della Salute
5 Pinacoteca Manfrediniana
6 Dogana da Mar
7 Magazzini del Sale
8 Spirito Santo
9 Santa Maria del Rosario o dei Gesuati
10 Santa Maria della Visitazione
11 San Trovaso
12 Gondelwerft (Squero)
13 Campo Santa Margherita
14 San Pantalon

TOUR 12

INSEL GIUDECCA

15 Il Redentore
16 Casa dei Tre Oci
17 Zitelle

TOUR 13

SAN GIORGIO MAGGIORE

18 San Giorgio Maggiore

mie des Jahres 1630 gelobte der Doge der Madonna den Bau einer Kirche, mit der Bitte, der Pest ein Ende zu setzen. Von den elf eingereichten Modellen siegte das von Baldassare Longhena, der sofort mit dem Bau begann. Die Vollendung erlebte er jedoch nicht mehr: Die Weihe des Hauses fand erst 1687 statt – fünf Jahre nach seinem Tod.

Der Rundbau, mehr Votivtempel als Kirche, imponiert durch die Treppen, die ihn erst recht aufs

Podest stellen, und die überdimensionalen Voluten. Das Innere ist schlicht, verfügt jedoch über erstklassige Gemälde von Künstlern wie Giordano, Tintoretto, Tizian u. a.; der kolossale Marmoraltar Baldassare Longhenas trägt das Gnadenbild der Madonna.

Am 21. November findet mit der Festa della Madonna della Salute eine der größten und schönsten Feierlichkeiten Venedigs statt. Dann wird eine Ponton-Brücke über den

Kanal geschlagen, Tausende von Pilgern folgen der Prozession.

Im Klostergebäude befindet sich die **Pinacoteca Manfrediniana** 5 📖 D5, eine interessante Gemälde- und Skulpturensammlung, die allerdings nur nach Voranmeldung zu besichtigen ist (Dorsoduro 1, Tel. 04 12 74 39 73).

ZWISCHENSTOPP: RESTAURANT

Lineadombra 1 €€€ 📖 D5
Eine romantische Adresse für ein abendliches Dinner: Auf der Rückseite der Kirche Santa Maria della Salute sitzt man im Sommer auf der ruhigen Terrasse am Giudecca-Kanal und hat einen atemberaubenden Blick auf die angestrahlte Redentore-Kirche. Exzellente Küche, Top-Weinauswahl.
• Dorsoduro 19
  Tel. 04 12 41 18 81
  www.ristorantelineadombra.com

DOGANA DA MAR 6 📖 D5

In der ehemaligen Meereszollstation wurden alle Waren, die über das Wasser nach Venedig gelangten, verzollt bzw. zwischengelagert. An der **Punta della Dogana,** der Zollspitze, musste jedes Schiff, das den Canal Grande benutzte, vorbeifahren. Die Bronzegruppe von Falcone (Ende 17. Jhs.) wurde ein Wahrzeichen Venedigs: Fortuna, die Glücksgöttin, wiegt sich auf einer goldenen Kugel, gehalten von zwei Atlanten.

2009 wurde in der ehemaligen Zollbehörde das **Centro d'Arte Contemporanea** (Museum für zeitgenössische Kunst) eröffnet. Vom japanischen Stararchitekten Tadao Ando gestaltet, bietet es einen faszinierenden Rahmen für die Samm-

lung Pinault und spannende Wechselausstellungen (Dorsoduro 2, Mi–Mo 10–19, Einlass bis 18 Uhr, www.palazzograssi.it, 18 €).

MAGAZZINI DEL SALE 7 📖 D5

In den alten Salzspeichern der Republik aus dem 14. Jh. sind heute Ruderklubs zuhause. Die **Fondazione Vedova** zeigt in den historischen Räumen Bestände des New Yorker Guggenheim-Museums und Wechselausstellungen (Dorsoduro 266, wechselnde Öffnungszeiten, www.fondazionevedova.org).

SPIRITO SANTO 8 📖 D5

Zu der Kirche aus dem 15. Jh. gehören auch ein Klosterkomplex und eine Scuola. Daneben erkennt man das **Ospedale degli Incurabili,** in dem zunächst Aussätzige und unheilbar Kranke untergebracht waren. Später funktionierte man es zum Waisenhaus um, in dem die Kinder Musikunterricht erhielten.

SANTA MARIA DEL ROSARIO O DEI GESUATI 9 📖 C5

Trotz ihres konventionellen Klassizismus dominiert die Kirche die Häuserfront. Sie beeindruckt mit herrlichen Gemälden des 18. Jhs. und stimmiger Verteilung der Kunstwerke. Die Statuen zwischen den Seitenaltären rahmen den Raum und weisen mit den Flachreliefs über ihnen in die kostbare Deckenzone: Tiepolos Meisterfresko, entstanden zwischen 1737 und 1739, umgeben monochrome Werke aus seiner Schule (Mo–Sa 10.30–16.30 Uhr, Choruskirche › S. 153).

SANTA MARIA DELLA VISITAZIONE 10 ▮ C5

Wenige Meter weiter links folgt die weniger pompöse Fassade des Kirchleins Santa Maria della Visitazione, dessen kunstgeschichtliche Bedeutung in ihrem feinen lombardischen Dekor (1493–1524) liegt. Die 58 bemerkenswerten Deckenbilder entstanden im 15. Jh. Aufmerksamkeit verdient einer der letzten Geheimbriefkästen Venedigs. Er befindet sich zwischen den beiden Kirchen, neben Haus Nr. 919 (tgl. 10.15–12, 15–17 Uhr). › mehr S. 16 Punkt 24

ZUM CAMPO SAN TROVASO

Über die Fondamenta Nani und dann links über eine Brücke gelangt man zu Campo und Kirche **San Trovaso** 11 ▮ C5 (11. Jh.), die in ihrer heutigen Gestalt von 1584 an errichtet wurde. Ihr Inneres ziert ein »Abendmahl« von Tintoretto (1556); auch die »Fußwaschung« wird ihm zugeschrieben. Genauere Beachtung verdient daneben der elegante perspektivische Altar von Alessandro Vittoria aus dem 16. Jh. (Mo–Sa 15–18 Uhr).

GONDELWERFT 12 ⭐ ▮ C5

Vom Ufer gegenüber San Trovaso sieht man an der Ecke der beiden Wasserarme den **Squero,** eine der ältesten Gondelwerften Venedigs, die für die ca. 600 Gondolieri Boote baut und repariert. Einst waren die *squeri* über die ganze Stadt verteilt; bevor das Arsenale den gesamten Schiffsbau übernahm, wurden in den Werften alle Arten von Wasserfahrzeugen gebaut (Squero di San Trovaso, Dorsoduro 1097, www.squerosantrovaso.com).

ZWISCHENSTOPP: RESTAURANT

Enoteca Al Bottegon (Cantinone già Schiavi) 2 ▮ C5
Traditionsreiche Enoteca an der Brücke San Trovaso mit ausgezeichneter Weinauswahl und fantastischen *cicchetti*.
• Dorsoduro 992 | Fond. Nani
  Tel. 04 15 23 00 34

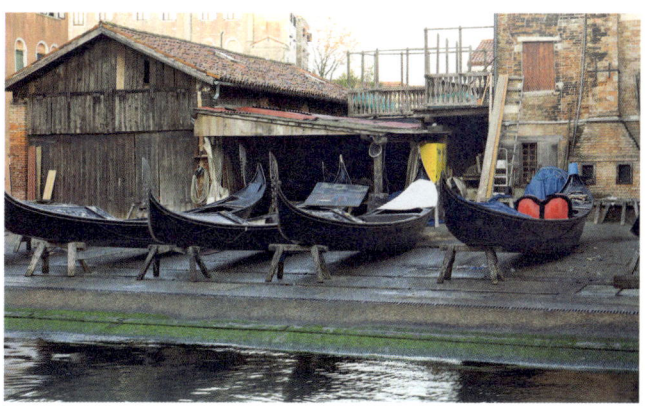

Im Squero di San Trovaso warten Gondeln auf ihre Reparatur

VENEDIG UND DIE GONDEL

Schmal, lang und schwarz ist sie, elegant in ihrer gleitenden Bewegung über das Wasser. *La gondola* – allein der melodiöse Name verspricht eine sanfte Partie auf den Kanälen der Lagunenstadt.

Bis Mitte des 16. Jhs. waren die Gondeln entsprechend der Herrlichkeit der Seerepublik mit Pomp und Prunk ausgestattet. Offenbar kam es dabei zu einigen Übertreibungen, denn 1562 verfügte der Senat, dass alle Gondeln Schwarz zu tragen hätten – schmucklos, aber feierlich, damit nichts von der Pracht Venedigs ablenkt. Als Verkehrs- und Transportmittel sind Gondeln schon aus der Zeit des ersten Dogen (697) belegt.

SYMBOLHAFT!

Ihre Maße sind 10,15 m Länge und 1,40 m Breite; dass sie rechts 24 cm schmaler ist, hängt wohl mit der Position des Gondoliere zusammen, der das Ruder nur auf der rechten Seite eintaucht. Die Gondelspitze ziert der *ferro* (dt.: Bugeisen), eine Standarte aus Metall: Die sechs Streifen stellen die sechs Stadtteile Venedigs dar; der siebte mit anderer Richtung steht für die Insel Giudecca, während die Rundung den Dogenhut symbolisiert.

IN DER GONDELWERKSTATT

Für die Fertigung einer Gondola, die aus acht verschiedenen Hölzern gezimmert wird, brauchen Gondelbauer etwa drei Monate. Die **Gondelwerkstatt** › S. 133 *(squero)* in Dorsoduro baut und repariert bereits seit dem 17. Jh. Gondeln. Sie ist eine von fünf verbliebenen Gondelwerften in Venedig.

Während im *squero* der Körper der Gondola entsteht, fertigt der *remero* die Ruder und die Ruder-

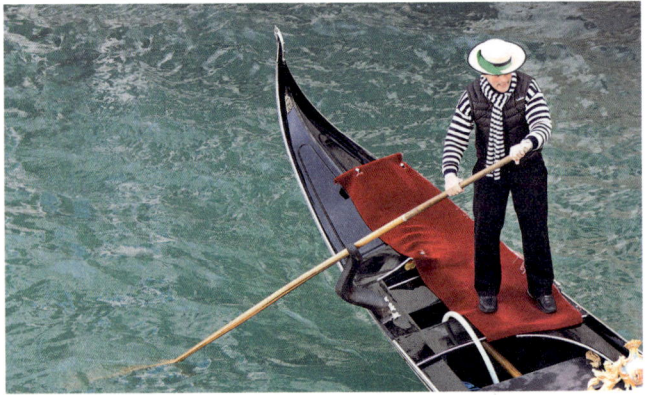

Die Forcola, auf der das Ruder aufliegt, wird für jeden Gondoliere maßangefertigt gabel, die *forcola*. Heute übt in Venedig nur noch **Paolo Brandolisio** dieses Handwerk aus – Besucher sind in seiner Werkstatt stets willkommen. Er formt die komplexen dreidimensionalen *forcole* (Holzdollen), die acht verschiedene Ruderstellungen zulassen. Die Rudergabel wird der Statur des Gondoliere angepasst, ihre Maße entsprechen im Idealfall den seinen, bilden eine Einheit. Kein Wunder also, dass dem Vorschlag, die Holzruder durch langlebige Plastikruder zu ersetzen, eine Abfuhr erteilt wurde.

• **Paolo Brandolisio** 🏠 E4
  Castello 4725 | Sotoportego Corte
  Tel. 04 15 22 41 55
  Mo–Fr 9–13, 15–19 Uhr

MIT DEM TRAGHETTO VON UFER ZU UFER

Die Venezianer lassen sich nur selten zu einer romantischen Gondelfahrt hinreißen, nutzen im Alltagsleben aber gern den *traghetto,* die Gondelfähre über den Canal Grande. In der Tat ist die Überfahrt à 2 € (mit Venezia Unica City Pass 0,70 €) wirklich geschenkt – allerdings verkehren die Boote nur in unregelmäßigen Abständen › S. 30. Folgen Sie den grün-goldenen Hinweisschildern »traghetto«, um zu den Fährstationen *(stazi)* zu kommen.

VOGA ALLA VENEZIANA

Wer könnte das Wesen Venedigs verstehen, wenn er nicht einmal das ureigenste Verkehrsmittel der Stadt genutzt hätte und nicht einmal eine *voga alla veneziana*, eine Gondelpartie, mitgemacht hätte? Unvergesslich ist das Erlebnis, sich durch die stillen Kanäle an den Mauern der Palazzi vorbeiwiegen zu lassen. Ein besonders schönes Erlebnis sind die Fahrten in der Nacht bei Mondschein, wenn es ruhig wird auf den Brücken und man nur noch das sanfte Eintauchen des Ruders ins Wasser hört.

Übrigens: Nach rund 900 Jahren männlicher Vorherrschaft gibt es seit 2010 unter den über 400 Gondolieri nun auch eine Gondoliera. Die Venezianerin Giorgia Boscolo, Tochter eines Gondoliere, darf als erste Frau offiziell Besucher durch die Kanäle schippern. Weitere Anwärterinnen auf den lukrativen Job stehen in den Startlöchern.

• **Fahrpreise:** Leider ist eine Gondelpartie nicht gerade preiswert: Für die 30- bis 40-minütige Standardtour zahlt man tagsüber ca. 80 € (bis zu 6 Pers., mind. 14 € pro Person), am Abend und bei Fahrten mit musikalischer Untermalung steigt der Preis › auch S. 30.
• **Info:** www.gondolavenezia.it

TRAGHETTO-STATIONEN
• San Marcuola–Fondaco dei Turchi
• Santa Sofia–Pescheria
• Riva del Carbon–Riva del Vin
• San Tomà–Sant'Angelo
• San Barnaba–San Samuele
• Santa Maria del Giglio–La Salute
• Punta della Dogana–Calle Vallaresso

Die Gondolieri setzen die Passagiere in der Regel von 8–13 oder bis 18/19 Uhr über; manche Traghetti fahren sonntags nicht. Die Stationen wechseln bisweilen.

ZUM PONTE DEI PUGNI 📱 C4

Entlang dem Rio delle Eremite gelangt man zum malerischen Campo San Barnaba. Von dort überquert man in Richtung Campo Santa Margherita den **Ponte dei Pugni,** die »Brücke der Faustkämpfe«, an der das hübsche Gemüseschiff vor Anker liegt. Hier lieferten sich die Castellani mit den Nicoloti seit dem Mittelalter handfeste Schlägereien, die im 18. Jh. schließlich verboten wurden › s. unten.

ZWISCHENSTOPP: RESTAURANT

Casin dei Nobili ❸ €€ 📱 C4

In der fröhlich-lauten Pizzeria gleich südlich des Campo San Barnaba werden Pizza, Pasta und Meeresfrüchte zu angemessenen Preisen serviert. › S. 35.

CAMPO SANTA MARGHERITA 13 📱 B/C4

Wie alle großen Plätze der Stadt prägt auch diesen sein unverwechselbares Flair: mittelalterliche Bausubstanz, ein abgesägt wirkender Campanile am anderen Ende und lebendiges Marktgeschehen. Der frei stehende Bau in der Platzmitte ist die **Scuola dei Varoteri,** die ehemalige Schule › S. 55 der Gerber und Färber. Eine Inschrift an der Fassade gibt Auskunft darüber, welche Mindestmaße die zum Verkauf angebotenen Fische haben mussten.

Seit einigen Jahren hat sich der Campo zu einem Treffpunkt an lauen Abenden entwickelt. Man sitzt im Freien, nimmt ein Getränk oder schleckt ein Eis, genießt das Ambiente und beobachtet das Kommen und Gehen der Leute, hauptsächlich Einheimische.

SAN PANTALON 14 📱 C4

Die unscheinbare Fassade verrät nicht, dass sich innen eines der spektakulärsten Deckengemälde Venedigs befindet. Das **Martyrium und die Apotheose des Heiligen Pantaleon** besteht aus 40 aneinandergefügten Teilen (Campo San Pantalon, Mo–Sa 10–12, 13–15 Uhr).

💬 DER OST-WEST-KONFLIKT

In der Accademia hängt ein Gemälde, das ein wüstes Getümmel zeigt: Zu beiden Seiten einer Brücke drängt sich das gaffende Volk, auf der Brücke kämpfen Männer erbittert miteinander. Die Darstellung nimmt Bezug auf ein populäres Volksfest, das spielerisch die historische Rivalität der Bewohner der beiden Ufer des Canal Grande aufs Korn nimmt: Die Bewohner der Ostseite hießen nach der alten Dogenburg Castello die *Castellani,* die der Westseite nach ihrer Patronatskirche San Nicolò dei Mendicoli die *Nicoloti.* In diesem Ost-West-Konflikt spiegelte sich die uralte Polarität zwischen den Reichen und Mächtigen der San-Marco-Seite und den kleinen Leuten, Fischern und Handwerkern auf dem gegenüberliegenden Ufer. Bis heute hat sich für das Westviertel die Bezeichnung *Venezia minore,* das »kleine Venedig«, erhalten, und auch den Ponte dei Pugni, die »Brücke der Faustkämpfe«, gibt es noch.

TOUR 12

INSEL GIUDECCA

VERLAUF: Il Redentore › Casa dei Tre Oci › Zitelle

KARTE: Seite 130
DAUER: Gehzeit 1 Std.
PRAKTISCHE HINWEISE:
- Gute Vaporetto-Anbindung von den Zattere und von San Marco/Vallaresso.

TOUR-START:

Auf der einstigen Klosterinsel besaßen reiche venezianische Familien einst Sommerresidenzen samt prachtvollen Gärten. Später wandelte sie sich zu einem bedeutenden Industrie- und Gewerbestandort – davon zeugt noch heute das gigantische Gebäude des Molino Stucky, heute ein Hilton Hotel. Seit ein paar Jahren befindet sich die Giudecca im Umbruch. Immer mehr Venezianer zieht es auf die ruhige Insel mit bezahlbaren Wohnungen. Von touristischem Interesse ist nicht nur der fantastische Blick auf Venedig, sondern vor allem die Renaissancebauten Andrea Palladios.

IL REDENTORE 15 ⭐ 📖 D6

Die erste der zwei Pestkirchen Venedigs. Während der Epidemie von 1576, an der auch Tizian starb, gelobte man diesen Bau, den Palladio entwarf (Bauzeit 1577–1592). In der Fassade ist das Tempelmotiv Palladios dreimal verschränkt. Ein genialer Wurf ist das **Presbyterium**: Korinthische Säulen fassen den überkuppelten runden Raum ein und bilden den Rahmen für den frei stehenden Marmorhochaltar. Die jeweils dritte Kapelle auf der rechten und linken Seite ziert ein Bild aus der Tintorettoschule; in der Sakristei (Zugang dritte Kapelle rechts) ist die »Anbetende Madonna« von Alvise Vivarini (Ende 15. Jh.) einen Blick wert (Mo–Sa 10.30–16.30 Uhr, Choruskirche › S. 153).

Beim Redentore-Fest › S. 58 am dritten Julisonntag wird mit einer Schiffsbrücke, einem Riesenfeuerwerk und prächtig geschmückten Wasserfahrzeugen an das Gelübde der Kirchengründung erinnert.

Die Redentore-Kirche, ein Entwurf Palladios

CASA DEI TRE OCI 16 📖 D6

Der Uferspaziergang führt mit schöne Ausblicken am Giudecca-Kanal entlang, an dem ein paar Cafés zum Verweilen einladen. Haus Nr. 43 ist die **Casa dei Tre Oci** (»Haus der drei Augen«), ein Jugendstilbau von 1913, der sich der Fotografie widmet (www.treoci.org).

ZITELLE 17 📖 E6

Ein weiterer Palladio-Bau, einst ein Stift für arme unverheiratete Mädchen *(zitelle),* heute Ausstellungs- und Kongresszentrum. Die Fassade mit dem großen Thermenfenster wurde ebenfalls oft kopiert.

💬 GIUDECCA

Die ursprüngliche Garten- und Gemüseinsel war Sitz einer Garnison, die Sträflinge bewachte; das Wort *giudicati,* Verurteilte, kann ebenso Pate gestanden haben wie *giudei* (Juden) – vor deren Ansiedlung im Ghetto Anfang des 16. Jhs. ist eine Kolonie auf der Giudecca nachgewiesen. Sträflinge gibt es hier noch heute, genauso wie zauberhafte Gärten. In den Zitelle kann man sich ein Bild davon machen. Der Uferstreifen der Giudecca mit dem Prachtblick auf San Marco gilt als schönste Promenade Venedigs; ein Streifzug entlang der Lagunenseite der Insel zeigt ein verträumtes Stadtbild, garniert mit den Kränen der gar nicht auf Rosen gebetteten kleinen Werftbetriebe.

⌒TOUR⌒
13

INSEL SAN GIORGIO MAGGIORE

VERLAUF: Venedig › Insel San Giorgio Maggiore

KARTE: Seite 130
DAUER: 1 Std.
PRAKTISCHE HINWEISE:
- Ab San Zaccaria oder ab Zitelle (Giudecca) zur Isola di San Giorgio Maggiore.
- Die Besichtigung des Benediktinerklosters mit einem Videoguide (auch auf Deutsch) soll im Rahmen eines Pilotprojekts tgl. möglich sein, Tel. 04 12 71 02 37, www.cini.it, 13 €).

TOUR-START: SAN GIORGIO MAGGIORE 18 ⭐ 📖 E5/6

Die malerische Silhouette der Klosterinsel San Giorgio Maggiore mit dem imposanten Campanile, der dem von San Marco durchaus Konkurrenz macht, gehört ebenso zu Venedigs Stadtbild wie die Basilica di San Marco und der Dogenpalast.

Das Kloster, in dem seit 982 Benediktinermönche residieren und das zeitweise eine der bedeutendsten Niederlassungen des Ordens in Italien war, gelangte 1109 in den Besitz der Reliquien des heiligen Stephanus, die Pilgerströme anlockten. Doch unter Napoleon wurde der zu Reichtum und Ansehen gelangte Orden aufgelöst. Heute leben hier wieder einige wenige Mönche sehr zurückgezogen.

Die Insel ist Sitz der **Fondazione Cini** mit einem künstlerisch-wissenschaftlichen Studienzentrum und war 1981 Tagungsort des Weltwirtschaftsgipfels. Der heutige Baukomplex entstand im Wesentlichen in der Renaissance und ist untrennbar verbunden mit den Namen der Baumeister Andrea Palladio und Baldassare Longhena. Letzterer steuerte die große Treppe, die Abtwohnung und die Bibliothek bei.

Die Kirchenfassade gestaltete Palladio mit dem klassischen Motiv aus Säulen und Dreiecksgiebel. Baubeginn war im Jahr 1566, Bauende 1610. Der dreischiffige **Innenraum** in Kreuzform hat harmonische Proportionen und lässt die gewaltigen Dimensionen der Kirche vergessen. Der ausgesprochen klare Raum wurde dadurch idealer Rahmen für großartige Gemälde. An der rechten Wand des Altarraums hängt das »Abendmahl«, ein berühmtes Spätwerk von Jacopo Tintoretto. Wenn man an dem Gemälde vorbeigeht, scheint der Abendmahlstisch von der einen auf die andere Seite des Gemäldes zu »springen« und den Bildaufbau völlig zu verändern – eine optische Täuschung. Die in unwirklich anmutenden Lichtfluten verklärte Figur Christi scheint dieses Wunder zu vollbringen. Berühmt in der Kunstgeschichte ist Gerolamo Campagnas Hauptaltarbronze mit dem Thema »Vier Evangelisten halten die Weltkugel, auf der der Allmächtige thront«. Diese Darstellungsweise erfuhr später zahllose Nachahmungen.

Vom **Campanile** bietet sich ein herrlicher Blick über die Lagune und die Klosteranlage. Hinauf geht es mit dem Aufzug (tgl. 9–18, im Winter 9–17 Uhr, manchmal in der Mittagszeit geschl., 6 €).

Auf San Giorgio Maggiore verbirgt sich hinter dem Kloster ein Garten mit Heckenlabyrinth

AUSFLÜGE & EXTRA-TOUREN

Burano mit seinen bunten
Fischerhäusern gehört zu den
farbenfrohesten Orten der Welt

AUSFLÜGE

SAN MICHELE **1** 🏛 E/F2

> **KARTE:** Seite 145
> **DAUER:** 1–2 Std.
> **PRAKTISCHE HINWEISE:**
> - Ab Fondamente Nuove ist man mit den Linien 4.1 und 4.2 in wenigen Minuten auf der Insel San Michele.
> - Korrekte Kleidung erbeten, Fotografieren verboten.

San Michele ist die Friedhofsinsel Venedigs. Seit Beginn des 19. Jhs. werden die Toten auf geschmückten Gondeln zu der zypressenbestandenen, von einer Backsteinmauer umgebenen Insel gebracht und dort bestattet. Auf dem Gelände der weitläufigen Parkanlage haben viele bedeutende Künstlerpersönlichkeiten ihre letzte Ruhestätte gefunden. › mehr S. 13 Punkt **8** Doch längst sind die Kapazitäten erschöpft, und so erhielt der Londoner Architekt David Chipperfield den Auftrag, den Friedhof, der wie ein griechisches Kreuz gestaltet ist, um 60 000 m² zu erweitern. Hinweistafeln leiten zu den verschiedenen Bereichen: den Schubladengräbern, zum Protestantischen und Griechischen Bereich. Die Insel, auf der sich einst ein Kloster befand, ist heute unbewohnt. Besucher kommen vor allem der Kirche **San Michele** wegen, deren Renaissancefassade Mauro Codussi 1469 entwarf (tgl. 7.30–18 Uhr, im Winter bis 16.30 Uhr).

TOUR 14

MURANO

> **VERLAUF:** Colonna › Palazzo Contarini › Ponte Ballarin › Palazzo da Mula › Museo del Vetro › SS. Maria e Donato

> **KARTEN:** Seite 142, 145
> **DAUER:** 3 Std.
> **PRAKTISCHE HINWEISE:**
> - Von den Fondamente Nuove verkehren u. a. die Linien 4.1 und 4.2 zur Insel Murano. Die Überfahrt dauert gut 10 Min.

TOUR-START:

Seit dem Mittelalter ist **Murano** **2** 🏛 F/G1 das Zentrum der venezianischen Glasherstellung. Glasbläser in Murano zu sein war einst Ehre und Verpflichtung: Ehen mit Patriziern waren standesgemäß, das Berufsgeheimnis aber war durch die Todesstrafe geschützt, mit der auch das Verlassen der Insel geahndet wurde. Von der Insel Murano aus wurde ganz Europa mit Spiegeln, Kronleuchtern und edlen Gläsern beliefert, bis im 18. Jh. böhmisches Kristall den Markt zu dominieren begann. Seit dem Jugendstil passt man sich auch in Murano dem Zeitgeschmack an, ohne dabei die überlieferten Muster je aufzugeben – dadurch wurde die Insel weltberühmt, und ihre Zeitlosigkeit verzaubert immer wieder. Täglich kommen Tausende von Besuchern zum Shopping hierher.

Vom Haltepunkt **Colonna**, wo man bisweilen etwas aufdringlich zur Besichtigung einer Glasbläserei aufgefordert wird, führen die Fondamenta dei Vetrai am lombardischen **Palazzo Contarini** (16. Jh.) vorbei zum **Ponte Ballarin** mit dem Markuslöwen. Hier wurden Gesetze und Verordnungen verlesen. Jenseits der Brücke schlendert man über den freundlichen Bresagio zum **Leuchtturm**, von wo die Vaporetti nach Burano ablegen.

Der Spaziergang entlang der Fondamenta Manin führt zum hübschen Campo Santo Stefano mit seinem auffälligen Glasobjekt. Vom Campo führt die Brücke zur Kirche **San Pietro Martire,** die mit der »Madonna auf dem Thron« ein Hauptwerk Giovanni Bellinis besitzt. Einige Schritte nach links vor der Kanalbrücke Ponte Vivarini liegt der **Palazzo da Mula** . Von der Kanalbrücke aus sieht man die lombardische **Chiesa di Santa Maria degli Angeli.**

Um die Landspitze geht es rechts zum **Museo del Vetro.** Im ehemaligen Bischofssitz (17. Jh.) wird auf zwei Etagen mit rund 400 Expona

Ⓐ Palazzo Contarini
Ⓑ Ponte Ballarin
Ⓒ Palazzo da Mula
Ⓓ SS. Maria e Donato

ten, darunter kunstvolle Trinkgefäße, Vasen und Schmuckstücke, chronologisch die Entwicklung der Glasbläserkunst von der Antike bis in die Gegenwart dokumentiert (Fondamenta M. Giustinian 8, tgl. 10–18, Nov.–März bis 17 Uhr, www. museovetro.visitmuve.it, 10 €). Das Museum bietet auch interessante Führungen durch die Sammlung an sowie zur renommierten **Glasschule Abate Zanetti** inklusive Demonstration der Kunst des Glasblasens und Vorführung eines Films (vorherige Anmeldung erforderlich unter Tel. 041 73 95 86).

Die repräsentativ gestaltete Basilika **SS. Maria e Donato** Ⓓ ist ein unverfälscht erhaltenes Muster byzantinischen Bauens aus dem Jahr 1140. Eine hölzerne Schiffsbauchdecke überwölbt den Innenraum. Das Hauptaltarmosaik stammt aus der Entstehungszeit, ebenso der Pflanzen- und Tiermotive in leuchtenden Farben zeigende **Mosaikfußboden**.

ZWISCHENSTOPP: RESTAURANT

Ristorante dalla Mora ❶ €€ 🔪 G1
Die Osteria ist berühmt für ihre *frittura mista* (frittierte Meeresfrüchte), aber auch für Fischgerichte mit saisonalen Zutaten. Diese werden auch auf einer schönen Terrasse direkt am Rio dei Vetrai serviert.
• Fondamenta Manin 75
Tel. 041 73 63 44
www.ristorantedallamora.com

💬 GLAS AUS MURANO

In Syrien war im 1. Jh. die Glasbläserkunst entdeckt und sogleich perfektioniert worden, wie die Exponate im Glasmuseum Muranos eindrucksvoll beweisen. Im frühen Mittelalter erkannten dann die Venezianer im Zuge ihres Orienthandels, dass mit dem Luxusartikel Glas »glänzende« Geschäfte zu machen waren. Sie begannen selbst zu produzieren – schon im Jahr 982 ist der erste Glasbläser urkundlich belegt. 1291 verlegte man wegen Feuergefahr die Glasherstellung von Venedig auf die Insel Murano, die 1923 eingemeindet wurde. 1862 wurde auf dem Eiland die Glasfachschule gegründet. Deren Nachfolgeinstitution, die Scuola del Vetro Abate Zanetti, lehrt bis heute traditionelle Techniken.

Eine der auf Murano angewandten Schmelztechniken, und zwar nicht die einfachste, heißt *murrino*: Dünne Glasstäbe in verschiedenen Farben werden zu einem polychromen Strang verschmolzen; je nach Zusammensetzung ergibt der Querschnitt dann das beliebte Millefiori-Motiv oder eine beliebige Farbkomposition. Durch die Aufteilung des Glasstrangs in etwa einen Zentimeter lange zylindrische Abschnitte entstanden zunächst lediglich bunte Glasstückchen, die aber als »venezianische Perlen« ebenfalls Weltkarriere machten und in entlegenen Landstrichen sogar als Zahlungsmittel benutzt wurden – noch heute kann man auf afrikanischen Märkten alte venezianische Perlen auftreiben.

BURANO 3

KARTE: Seite 145
DAUER: 3 Std.
PRAKTISCHE HINWEISE:
- Von den Fondamente Nuove verkehrt die Linie 12 nach Burano, Fahrzeit ca. 45 Min.

Knallblaue, rote, gelbe oder orange gestrichene Häuser sind das Markenzeichen des malerischen Inseldorfs, das zugleich die Wiege der Spitzenstickerei ist, eines sehr ertragreichen Erwerbszweigs der Venezianerinnen seit dem 16. Jh. › mehr S. 16 Punkt ㉗

An der Piazza Galuppi 187, in der ehemaligen Klöppelschule, zeigt das **Museo del Merletto** (Spitzenmuseum) die Entwicklung des kunstvollen Handwerks und besonders schöne Spitzen (Di–So 10–18, im Winter 10–17 Uhr, www.museomerletto.visitmuve.it, 5 €). Hier kann man auch Klöpplerinnen bei der Arbeit zusehen. Echte Burano-Spitzen gibt es nur noch hier und in exklusiven Läden. Das Billigangebot in der **Via Galotti** stammt meist aus Fernost.

Berühmtester Sohn Buranos ist der Komponist Baldassare Galuppi (1703–1785).

ZWISCHENSTOPP: RESTAURANT

Trattoria da Romano €€€
Raffiniert zubereitete Fischgerichte bekommt man in der historischen Trattoria, einem ehemaligen Künstlertreff.
- Via San Martino Destra 221
  Tel. 041 73 00 30 | www.daromano.it

TORCELLO 4

KARTE: Seite 145
DAUER: 3 Std.
PRAKTISCHE HINWEISE:
- Von den Fondamente Nuove verkehrt die Linie 12 nach Burano, von dort gelangt man mit der Linie 9 nach Torcello.

Die ein wenig abgeschieden wirkende Insel war einst bedeutendes Handelszentrum (gegr. im 5. Jh.) und Bischofssitz. Nur zwei Kirchenbauten blieben erhalten. **Santa Maria Assunta,** die Basilika, wurde 639 gegründet und 1008 in ihrer heutigen Gestalt geweiht. Sie ist der älteste erhaltene Bau der Lagune. Nur die Südseite besitzt Fenster, von Norden kommt kein Licht. Größter Kirchenschatz sind der Lettner – mit vier Reliefs aus der Zeit des 11. Jhs. und den Bildtafeln Marias und der zwölf Apostel (15. Jh.) – sowie die Mosaiken. Sie gehen im Presbyterium bis auf das 11. Jh. zurück. Das »Jüngste Gericht« an der Westwand entstand um 1190. Konzeption und Ausführung sind überwältigend.

Charakter und Gestalt der einmaligen Lagunenlandschaft werden erst beim Blick vom **Campanile** aus wirklich fassbar (Kirche April–Okt. tgl. 10.30–17.30, Campanile bis 17, Nov.–Febr. 10–16.30, Campanile bis 16 Uhr, einzeln jeweils 5 €, zusammen 9 €). › mehr S. 16 Punkt ㉚

Die Taufkirche **Santa Fosca** neben der Basilika, ein Rundbau (um

1100), beweist mit ihren Säulenvor-
hallen byzantinische Eleganz. Im
Inneren beeindrucken die Holzteile
der Kuppelkonstruktion sowie die
verlängerte Apsis.

Das **Museo di Torcello** zeigt ar-
chäologische Funde aus der Region,
Antiquitäten aus der Römerzeit und
Kunstwerke des Mittelalters (Piazza
Torcello, Di–So 10.30–17, im Winter
10–16.30 Uhr, 3 €).

ZWISCHENSTOPP: RESTAURANTS

Am Weg vom Vaporetto-Anleger zur Piazza
Torcello liegen mehrere Lokale, darunter
die **Taverna Tipica Veneziana** € (Tel. 04 10
99 64 28) mit Selbstbedienung.

Osteria Al Ponte del Diavolo €€–€€€

Ob Lamm, frischer Fisch oder Spezialitäten
der Lagune: Im »Diavolo« wird man kulina-
risch verwöhnt – im Sommer in einem hübschen Garten. Gute Weinauswahl, zuvor-
kommender Service. Mo geschl.

• Fondamenta dei Borgognoni 10/11
Torcello | Tel. 041 73 04 01
www.osteriaalpontedeldiavolo.com

Badehäuschen am Lido, Venedigs Strand

LIDO 5

KARTE: Seite 145
DAUER: 1 Tag
PRAKTISCHE HINWEISE:
• Von San Zaccaria fahren mehrere
Linien zum Lido.
• Viele Strandabschnitte sind Hotel-
gästen vorbehalten. Ausnahme ist
z. B. der Strandbereich unmittelbar
neben dem ehemaligen Hotel Des
Bains. Man erreicht ihn auf direk-
tem Weg, wenn man vom Vapo-
rettoanleger aus dem Viale S. M.
Elisabetta folgt.

Als 12 km langer Sandstreifen erstreckt sich der Lido zwischen Lagune und Meer und schützt das
Stadtgebiet von Venedig vor den
Fluten der Adria. Blühende Gärten,
weiße Belle-Époque-Villen und luxuriöse Hotelpaläste zeugen von der
Zeit, als sich hier die Hautevolée aus
ganz Europa traf. Legendär sind das
Hotel Excelsior und das mittlerweile geschlossene **Grand Hotel
des Bains,** wo Thomas Mann 1911
logierte und zu seiner Novelle »Tod
in Venedig« inspiriert wurde. Lu-
chino Visconti drehte hier 1970 die
Filmadaption.

Der Glanz jener Tage ist ver-
blasst; heute zieht der Lido in der
Badesaison Tausende von Urlau-
bern an, die sich von der Sonne be-
scheinen lassen oder die vielfältigen
Sportmöglichkeiten nutzen. Vor allem für Familien mit Kindern ist der
flache Sandstrand der Insel geeignet, wenngleich die Wasserqualität

zu wünschen übrig lässt. Jedes Jahr im September finden im **Palazzo del Cinema** die Internationalen Filmfestspiele statt › S. 125. Sie bringen etwas Glamour auf die einst so exklusive Insel zurück.

Über Malamocco, den 1107 untergegangenen Seehafen, kann man mit dem Bus bis **Alberoni** an der Südspitze weiterfahren.

PELLESTRINA [6]

> **KARTE:** Seite 145
> **DAUER:** 1 Tag
> **PRAKTISCHE HINWEISE:**
> • Vom Lido regelmäßige Busverbindungen nach Pellestrina (der Bus setzt mit der Fähre über).

Pellestrina ist vor allem als Ziel von Tagesausflügen mit dem Fahrrad beliebt. Hauptattraktion der ruhigen Insel sind die **Murazzi**, aus istrischem Marmor erbaute mächtige, bis zu 4 m hohe Steindämme. Sie wurden im 18. Jh. angelegt, um Venedig vor Hochwasser zu schützen. An der Uferlinie herrscht eine ländliche Atmosphäre: Einheimische braten vor ihren Häusern auf dem Holzkohlengrill ihren Feiertagsfisch. Von der weit entfernten Metropole sind im Dunst nur die Türme der Stadtsilhouette zu erkennen.

Auf der Lagunenseite kann man bei glasklarem Wasser ruhig einen Sprung ins Meer riskieren – Pellestrinas weite Sandstrände gelten unter Venezianern noch als letzter Geheimtipp.

💬 MIT DEM BURCHIELLO ÜBER DEN BRENTA-KANAL

Ursprünglich befuhren Handelsschiffe die Brenta – Gasthäuser und Poststationen säumten das Ufer. Zwischen dem 15. und 17. Jh. begannen venezianische Adelsfamilien entlang dem 27 km langen Brenta-Kanal zwischen Fusina und Stra imposante Villen zu errichten, die von weitläufigen Parklandschaften umgeben waren. Hier, fernab der kontrollierenden Macht der Serenissima, schuf man sich private Paradiese, bestens geeignet, um sich bei Musik und Theater zu amüsieren, aber auch um hohe Gäste zu empfangen.

Mit dem Burchiello, einem geschlossenen Schiff, wurden bereits im 18. Jh. Reisende von Padua nach Venedig und umgekehrt befördert – eine der ersten Linienverbindungen überhaupt. Heute gleitet der moderne Burchiello ganz langsam, im Schritttempo über den Brenta-Kanal, vorbei an prächtigen Villen, von denen Foscari-La Malcontenta, Barchessa Valmarana und Nazionale Pisani auch angelaufen und besichtigt werden. Es werden diverse Touren angeboten, einige enden in der zauberhaften Universitätsstadt Padua.

Das Schiff verkehrt Mitte März–Anf. Nov. Di, Do und Sa, zurück fährt man mit dem Bus. Mi, Fr, Sa und So kann man die Tour ab Padua in entgegengesetzter Richtung unternehmen. Preis: 99 €, auch Halbtagestouren. Infos unter www.battellidelbrenta.it oder bei der Touristeninformation.

EXTRA-TOUREN

DIE LAGUNENSTADT AN EINEM TAG

VERLAUF: Fahrt über den Canal Grande › Piazza San Marco › Basilica di San Marco
› Dogenpalast › Riva degli Schiavoni › Gran Teatro La Fenice › Ponte dell'Accademia
› Scuola Grande di San Rocco › Frari-Kirche › Campo San Polo › Rialtobrücke ›
Bahnhof Santa Lucia

DAUER: reine Gehzeit 4–5 Std.
PRAKTISCHE HINWEISE: Ausgangs- und Endpunkt ist die Vaporetto-Station Ferrovia (Bhf. Santa Lucia). Für Tagesbesucher ideal ist das 24 Std. gültige Actv-Touris-
tenticket, das man an ausgewählten Vaporetto-Anlegern bekommt. Vergünstigte
Tarife gibt es bei Onlinebuchung im Rahmen des Venezia Unica City Pass › S. 153.

Sehr zum Verdruss der Stadtväter halten sich die meisten Besucher genau
einen Tag in der Stadt auf. Viel zu wenig Zeit, um das faszinierende Venedig
wirklich kennenzulernen, doch ausreichend, um einen ersten Eindruck von
der weltweit einzigartigen Lagunenstadt mit ihren Kanälen, Palazzi und
Kirchen zu gewinnen.

Als Auftakt sollten Sie über den **Canal Grande** › S. 62 bis San Marco fahren, vorbei an grandiosen Architekturdenkmälern, repräsentativen Palazzi
und Handelshäusern. Die **Piazza San Marco** › S. 71 ist das Herzstück und
touristische Zentrum der Stadt. Hier lohnt sich die Fahrt mit dem Aufzug
auf den **Campanile** › S. 74, der einen weiten Blick über Venedig und die
Lagune bietet, bis hin zu den Alpen. Nehmen Sie sich auf dem lebhaften
Markusplatz etwas Zeit für die Betrachtung der Fassade der **Basilica di San
Marco** › S. 75, des **Dogenpalasts** › S. 78 und der **Torre dell'Orologio** › S. 83.
Schlendern Sie dann auf der Uferpromenade, der **Riva degli Schiavoni**
› S. 115, ein Stück Richtung Osten, um einen Blick auf die legendäre **Seufzer-
brücke** › S. 82 und die zum Greifen nahe, malerische Klosterinsel **San Gior-
gio Maggiore** › S. 138 mit ihrem kleinen Jachthafen zu werfen.

Den anschließenden Bummel in westlicher Richtung durch San Marco,
zum berühmten **Gran Teatro La Fenice** › S. 84 kann man bestens mit einer
Shoppingtour verbinden. Zum Mittagessen empfiehlt sich das Antico
Martini › S. 35. Weiter geht es über den **Ponte dell'Accademia** › S. 67 nach

Dorsoduro. Attraktive Geschäfte (Kunstgalerien, Kunsthandwerk, Masken etc.) laden zum entspannten Einkaufsbummel ein, und am quirligen **Campo Santa Margherita** › S. 136 lässt sich herrlich verschnaufen. Vorbei an der Kirche San Pantalon mit sehenswertem Deckengemälde erreicht man in wenigen Minuten die **Scuola Grande di San Rocco** › S. 100, in Blickweite liegt die Kirche **Santa Maria Gloriosa dei Frari** › S. 99. Weiter geht der Bummel über den zweitgrößten Platz Venedigs, den **Campo San Polo** › S. 95, wo die Kirche San Polo Tintorettos »Abendmahl« birgt,

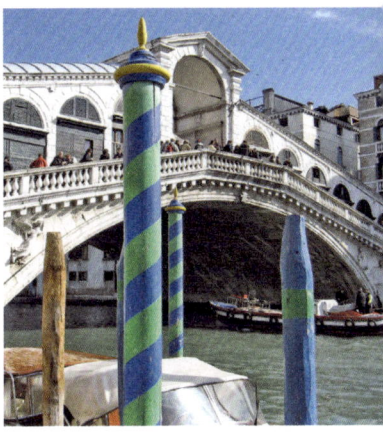

Die Rialtobrücke, ein Wahrzeichen Venedigs

zum weltberühmten **Ponte di Rialto** › S. 90. Legen Sie in einem der zahlreichen Bàcari (Weinlokale) einen Stopp ein, bevor Sie durch San Polo und Santa Croce langsam wieder Richtung Bahnhof spazieren.

TOUR 16

VERLÄNGERTES WOCHENENDE IN VENEDIG

VERLAUF: Piazza San Marco › Riva degli Schiavoni › San Giorgio Maggiore › La Fenice › Campo Santo Stefano › Rialto › Campo San Polo › Scuola Grande di San Rocco › Frari-Kirche › Rialtomarkt › Gallerie dell'Accademia › Collezione Peggy Guggenheim › Santa Maria della Salute › Punta della Dogana › Ghetto › Madonna dell'Orto › Ca' d'Oro › Canal Grande › Piazza San Marco

DAUER: 1. TAG: Gehzeit 3 Std., Besichtigung Basilica di San Marco ca. 30 Min., Besichtigung Dogenpalast ca. 2 Std. **2. TAG:** Gehzeit 2 Std., für die Museen jeweils 2 Std. einplanen. **3. TAG:** Gehzeit 4 Std., Führung durch das Ghetto 40 Min.
PRAKTISCHE HINWEISE: Um die Basilica di San Marco von innen zu besichtigen, sollte man sich spätestens um 8.30 Uhr anstellen. Auf angemessene Kleidung achten, Shorts und ärmellose, weit dekolletierte Tops sind tabu (Umhänge werden ausgeliehen). Rucksäcke und Taschen sind bei der kostenlosen Gepäckaufbewahrung gegenüber dem Seiteneingang abzugeben. Rialto-Fischmarkt: Di–Sa vormittags.

Am **1. TAG** ist die Besichtigung der **Basilica di San Marco** › S. 75 und des **Dogenpalasts** › S. 78 Pflichtprogramm. Anschließend trinkt man einen Kaffee im berühmten **Caffé Florian** › S. 75 oder speist im Do Forni › S. 88 und bummelt dann die **Riva degli Schiavoni** › S. 115 entlang. Der Blick auf die im Wasser schaukelnden Gondeln und auf die Klosterinsel **San Giorgio Maggiore** › S. 138, wohin man von San Zaccaria aus übersetzen kann, ist einzigartig. Wieder zurück auf dem Markusplatz, bietet sich ein Einkaufsbummel in San Marco an – und die einstündige Besichtigung des Theaters **La Fenice** › S. 84. Nehmen Sie am Spätnachmittag auf dem **Campo Santo Stefano** › S. 86 einen Aperitif und fahren Sie dann ab Accademia mit dem Vaporetto bis **Rialto** › S. 90, 93.

Den **2. TAG** beginnt man mit einem gemütlichen Bummel durch San Polo. 5 Minuten Fußweg liegen zwischen der Vaporettostation San Silvestro und dem **Campo San Polo** › S. 95, wo Cafés zum Verweilen einladen. Danach bietet sich die Besichtigung der **Scuola Grande di San Rocco** › S. 100 und der Kirche **Santa Maria Gloriosa dei Frari** › S. 99 an, bevor man weiterschlendert zum quirligen **Rialtomarkt** › S. 94. Mit dem Vaporetto geht es von dort bis zum Anleger Accademia. Auf Kunstfreunde warten gleich vier Leckerbissen: die **Gallerie dell'Accademia** › S. 129, die **Collezione Peggy Guggenheim** › S. 130, das **Museum für zeitgenössische Kunst** an der **Punta della Dogana** › S. 132 und die grandiose Barockkirche **Santa Maria della Salute** › S. 130.

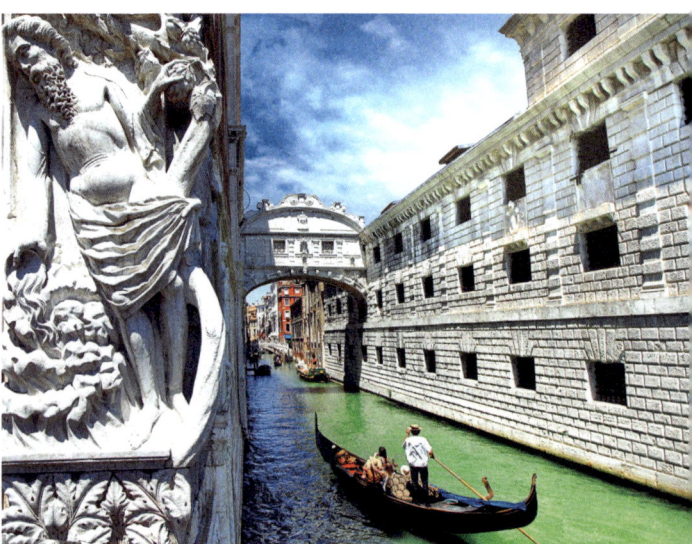

Von der Seufzerbrücke taten Verurteilte einen letzten, schon vergitterten Blick in die Freiheit

Am 3. TAG spaziert man vom Bahnhof aus durch den stillen Stadtteil Cannaregio. Durch das ehemalige **Jüdische Ghetto** › S. 108 werden Führungen angeboten, die auch einen Besuch des Museo Ebraico einschließen. Danach schlendert man zur Kirche **Madonna dell'Orto** › S. 110, in der Tintoretto begraben liegt. Weiter geht es zur prächtigen **Ca' d'Oro** › S. 111; als krönenden Abschluss fährt man von dort mit dem Vaporetto über den **Canal Grande** › S. 63 zum Markusplatz.

DIE WICHTIGSTEN KIRCHEN VENEDIGS

VERLAUF: Basilica di San Marco › Santi Giovanni e Paolo › Madonna dell'Orto › Santa Maria Gloriosa dei Frari

DAUER: insgesamt 7 Std.

PRAKTISCHE HINWEISE: Wer schwerpunktmäßig Kirchen besichtigen möchte, sollte unbedingt den **Choruspass** erwerben, erhältlich an allen Choruskirchen › S. 153. Die nächstgelegenen Vaporetto-Stationen für die Kirchen sind: Basilica di San Marco – San Marco/Vallaresso; Santi Giovanni e Paolo – Rialto; Madonna dell'Orto – Madonna dell'Orto (im Norden von Cannaregio) oder S. Marcuola (auf dem Canal Grande); Maria Gloriosa dei Frari – S. Tomà.

Es sind grandiose Meisterwerke, die in den Kirchen Venedigs zu bestaunen sind, geschaffen von so berühmten Künstlern wie Bellini, Tizian oder Tintoretto … Wer die eindrucksvollen Kirchenbauten und ihre Kunstschätze besichtigen will, wird sich zwischen Superlativen bewegen. Und, was schwerer wiegt, er wird eine Auswahl treffen müssen! Denn alle 115 Kirchen Venedigs zu besuchen ist schlicht nicht möglich.

Die folgenden Gotteshäuser sollte man jedoch auf keinen Fall versäumen: die **Basilica di San Marco** › S. 75 mit der juwelenbesetzten Pala d'Oro und dem größten zusammenhängenden Mosaik der Welt (San Marco), die Kirche **Santi Giovanni e Paolo** › S. 120, Grabstätte von 27 Dogen und anderen wichtigen Persönlichkeiten der Serenissima (Castello), **Madonna dell'Orto** › S. 110, die berühmte Tintoretto-Kirche (Cannaregio) mit mehreren Hauptwerken und dem Grab des Malergenies, und natürlich **Santa Maria Gloriosa dei Frari** › S. 99, in der Tizian bestattet wurde (San Polo). Wer diese sakralen Bauwerke nacheinander ansteuert, lernt zugleich vier der sechs Stadtteile Venedigs zumindest ausschnittsweise kennen.

INFOS VON A–Z

ÄRZTLICHE VERSORGUNG

Gesetzlich Versicherte können mit der Europäischen Krankenversicherungskarte (EHIC) Arzt, Zahnarzt oder ein Krankenhaus konsultieren. Eine Liste deutschsprachiger Ärzte erhält man beim jeweiligen Konsulat. Medizinische Unterstützung für Touristen gibt es von April bis Oktober online unter www.healthvenice.com, wo auch Erste-Hilfe-Punkte gelistet sind. Zum Ausschluss der Eigenbeteiligung ist der Abschluss einer privaten Auslandsreisekrankenversicherung zu empfehlen, die auch einen eventuell erforderlichen Rücktransport ins Heimatland abdeckt.

Apotheken *(farmacie)* sind in der Regel Mo–Fr 8.30–12.30 und 15.30–19.30 sowie Sa 9–12.30 Uhr geöffnet.

BARRIEREFREIES REISEN

Unter www.comune.venezia.it, Suchwort »Venezia Accessibile« findet man einen Stadtplan für Reisende mit Handicap. Der Zugang zu den Vaporetti ist relativ problemlos. Behindertengerechte WCs gibt es u. a. am Piazzale Roma, an der Rialtobrücke und im Dogenpalast.

DIPLOMATISCHE VERTRETUNGEN

- **Deutsches Honorarkonsulat:** Santa Croce 251, Palazzo Condulmer, Fondamenta Condulmer, Tel. 04 15 23 76 75, Fax 04 12 44 84 69, www.rom.diplo.de
- **Österreichisches Honorarkonsulat:** Santa Croce 251, Palazzo Condulmer, Fondamenta Condulmer, Tel. 04 15 24 05 56, Fax 04 15 24 21 51, www.bmeia.gv.at
- **Schweizerisches Honorarkonsulat:** Dorsoduro 810, Campo S. Agnese, Tel. 04 15 22 59 96, Fax 04 12 44 38 63, www.eda.admin.ch/roma

ELEKTRIZITÄT

Netzspannung 220 Volt; für Steckdosen braucht man z. T. einen Zwischenstecker *(spina di adattamento)*, erhältlich im Fachhandel, im Supermarkt oder an der Hotelrezeption.

GEPÄCK

Am Piazzale Roma, bei San Marco und an einigen größeren Vaporetto-Stationen warten Gepäckträger. Den Preis sollte man am besten vorher aushandeln. Wer nur einen Tag in Venedig verbringt, kann sein Gepäck am Bahnhof Santa Lucia (Erdgeschoss), am Piazzale Roma (auf der Seite des Parkhauses, nahe Pullman Bar) oder am Flughafen (Erdgeschoss, außerhalb des Flughafens am Eingang E) abgeben (6/7 €).

INFORMATION

Auskunft vorab erteilt die Italienische Zentrale für Tourismus (ENIT), zuständig für den deutschsprachigen Raum:
- **ENIT Deutschland:** Barckhausstr. 10, 60325 Frankfurt/M., Tel. 069/23 74 34, Fax 069/23 28 94
- **Internet:** www.enit.de

In Venedig bekommen Touristen derzeit bei drei Büros Informationen:
- **Flughafen Marco Polo**
- **San Marco 71/F** (vis-à-vis dem Eingang zum Museo Correr)
- **Bahnhof Santa Lucia**
- **Infos im Internet:** veneziaunica.it, www.turismovenezia.it
- **Zentrale Rufnummer:** Tel. 041 24 24
- **Veranstaltungsinfos:** Aktuelle Veranstaltungstipps und Ausgehadressen findet man in der monatlich erscheinenden Gratisbroschüre »Un ospite di Venezia – A guest in Venice«, online unter www.unospitedivenezia.it.

Veranstaltungstipps, teils mit der Möglichkeit zur Onlinebuchung, bieten auch die Webseiten www.venezia.net, www.veneziaunica.it und www.turismovenezia.it.

KIRCHEN
Bei Besichtigungen (nur außerhalb der Gottesdienste möglich) sollten Damen die Schultern bedecken, Herren lange Hosen tragen. Über Mittag sind Kirchen oft geschlossen.

NOTRUF
- Euronotruf (Carabinieri, Polizei): Tel. 112
- Notarzt, Rettungsdienst: Tel. 118
- Feuerwehr: Tel. 115
- Pannendienst des ACI: Tel. 803 116

ÖFFNUNGSZEITEN
Die meisten Geschäfte sind von ca. 9 bis 20 Uhr geöffnet, evtl. mit Mittagspause ca. 13–16 Uhr. Sa ist normaler Werktag. Viele Läden haben auch So und Fei geöffnet, dafür manche Mo vormittags geschlossen. Banken sind Mo–Fr mind. 8.30–13.30 Uhr geöffnet. Wechselstuben im Bahnhof, um die Piazza San Marco und rund um die Rialtobrücke sind 9–19 Uhr durchgehend geöffnet.

POST
Die Postämter sind Mo–Fr 8–13.30 Uhr geöffnet. Briefmarken verkaufen Postämter und *tabacchi*-Läden.

Das neue Hauptpostamt (*poste centrali*) befindet sich in der Ca' Faccanon, Nähe Rialtobrücke (San Marco 5016).

📕 GUT ZU WISSEN

- **Venezia Unica City Pass:** Diese »Venice Card« kann man sich den eigenen Besichtigungsinteressen entsprechend selbst zusammenstellen. Bausteine sind z. B. Pässe für alle 11 städtischen Museen (24 €), für die Museen an der Piazza San Marco (20 €) und die Museen der Inseln (Glasmuseum Murano, Spitzenmuseum Burano, 12 €). Auch Einzeltickets, etwa für das Teatro La Fenice, das Marinemuseum oder das Jüdische Museum können vorbestellt werden, weiterhin Führungen und Ausflüge (u. a. Inseltouren und eine Bootsfahrt auf der Brenta), Actv- und Alilaguna-Zeitkarten sowie Flughafentransfers. Buchbar sind zudem Parkplätze, Abos für öffentliche Toiletten und WLAN-Internetzugang. Ermäßigungen gibt es für Familien sowie für Kinder und Jugendliche (6–29 Jahre) unter dem Stichwort **Rolling Venice.** Weitere Angebote beinhalten der **Silver, Gold** und **Platinum Pass.** Der Venezia Unica City Pass kann bis kurz vor Reiseantritt online bestellt werden, man bekommt dann einen Voucher zum Ausdrucken, den man vor Ort gegen Tickets einlösen (Actv, Alilaguna) bzw. als Ticket verwenden kann (Museen, Kirchen). Detaillierte Infos unter www.veneziaunica.it.
- **Chorus Pass:** Der Pass (12 €) gewährt freien Eintritt in 16 Kirchen der Chorus-Vereinigung. Man bekommt ihn direkt bei den Kirchen, online unter www.chorusvenezia.org oder als Baustein des Venezia Unica City Pass unter www.veneziaunica.it.
- **Actv-Zeitkarten:** An einigen Vaporetto-Anlegern kann man Zeitkarten für Touristen kaufen. Sie sind erhältlich für 24 Std. (20 €), 48 Std. (30 €), 72 Std (40 €) und 7 Tage (60 €). Infos unter www.actv.it, Bestellung auch online über www.veneziaunica.it. › mehr S. 19 Punkt **45**

QUITTUNGEN

Gemäß den italienischen Steuergesetzen muss man sich für Dienstleistungen, auch beim Bar-, Restaurant- oder Friseurbesuch, eine Quittung *(ricevuta fiscale)* ausstellen lassen und diese bei Nachfrage vorweisen können.

RAUCHEN

In Italien ist seit 2005 das Rauchen in öffentlichen Verkehrsmitteln, Geschäften, öffentlichen und privaten Büros, Kinos, Bars und Restaurants verboten.

SICHERHEIT

Papiere und größere Geldbeträge gehören – wie überall – in den Hotelsafe; man sollte auch keine Wertgegenstände im Auto liegen lassen und den Pkw nur auf bewachten Parkplätzen abstellen. Im Gedränge (Markusplatz, Rialto, Vaporetto) ist mit Taschendieben zu rechnen. Der Abschluss einer Reisegepäckversicherung ist ratsam. Alleinreisende Frauen können sich in Venedig sicher fühlen.

STADTFÜHRUNGEN

Wer Venedig zum ersten Mal besucht, sollte sich Stadtführungen anschließen, die auch in deutscher Sprache angeboten werden. Neben normalen Stadtrundgängen gibt es auch thematische Führungen, Nachttouren, Gondelfahrten u. v. m. Nähere Informationen bei der Touristeninformation, unter www. tours-venice-italy.com oder www.turive.it, zu privaten Führungen unter www.stadtfueh rungen-venedig.de > S. 24, zu den meist von Einheimischen angebotenen Gratistouren unter www.freetourvenice.com und www. venicefreewalkingtour.com.

Ein besonderes Erlebnis ist ein Hubschrauberflug: Man schwebt ganz nah über der Lagunenlandschaft und sieht den »Fisch« Venedig von oben. Je nach Wunsch am Tag oder zum Sonnenuntergang, Treffpunkt Riva degli Schiavoni. Infos: www.heliairvenice.it.

TELEFONIEREN

Telefonieren kann man von öffentlichen Fernsprechern aus mit einer Telefonkarte *(scheda telefonica)*, die man z. B. in *tabacchi*-Läden erhält. Bei Telefonaten mit dem Handy fallen seit 2017 keine Roaminggebühren mehr an.

In Italien ist die mit 0 beginnende Ortskennziffer (041 für Venedig) fester Bestandteil der Teilnehmernummer, sie muss also immer mitgewählt werden.

Die Vorwahl von Italien nach Deutschland ist 00 49, nach Österreich 00 43, in die Schweiz: 00 41.

TOILETTEN

Im Centro storico gibt es ein gutes Netz öffentlicher Toiletten (ausgeschildert). Benutzung: 1,50 €.

ZOLL

Innerhalb der EU-Länder sind Geschenke und Mitbringsel zollfrei; bei Waren für den persönlichen Gebrauch gelten als Richtmenge 800 Zigaretten, 10 l Spirituosen, 90 l Wein pro Person ab 15 bzw. 17 Jahre. Für Bürger der Schweiz sind zollfrei: 200 Zigaretten, 1 l Spirituosen und 2 l Wein sowie Geschenke im Wert von bis zu 300 CHF.

💬 **URLAUBSKASSE**

• Espresso:	1,20–5 €
• Glas Bier:	3–6,50 €
• Glas Wein:	1,50–4,50 €
• Pizzaecke (zum Mitnehmen):	2,50–4 €
• Kugel Eis:	2 €
• Vaporetto (Einzelfahrt):	7,50 €
• Gondelfahrt (30–40 Min.)	ca. 80 € (max. 6 Personen, mind. 14 € pro Person)

REGISTER

BILDNACHWEIS

Coverfoto: Dogenpalast am Morgen, Venedig © AWL Images/Peter Fischer
Fotos Umschlagrückseite: © Jahreszeiten Verlag/Lukas Spörl (links); Getty Images/Bloomberg (Mitte); laif/Dorothea Schmid (rechts)

Alamy/DGB: 126; dpa Picture-Alliance/Andrea Warnecke: 13; Fotolia.com/Alisa Paun: 149; Fotolia/prescott09: 120; gemeinfrei: 54, 100; Getty Images/Bloomberg: 12; Getty Images/Rolls Press/Popperfoto: 49; Getty Images/Simon Tam: U4-1; Getty Images/Pawel Toczynski: 20/21; Huber Images: 27, 37, 65; Huber Images/Lubenow: 79; Huber Images/G. Simeone: 70; Jahreszeiten Verlag/Rasmus Marc: 44/45; Jahreszeiten Verlag/Arthur F. Selbach: 66, 104; Jahreszeiten Verlag/Lukas Spörl: 9, 10, 18, 23, 28, 30, 94, 103, 113, 123, 127; laif/Pierre Adenis: 99; laif/Pablo De Zurita: 38; laif/hemis.fr/Christian Guy: 15; laif/Hemis: 139; laif/Christian Kerber: 117; laif/Dorothea Schmid: 89; Lookphotos/Karl Johaentges: 14, 42; mauritius images/Masterfile RM/R. Ian Lloyd: 91; mauritius images/Alamy/Zoonar GmbH: 32; picture alliance/chromorange: 57; Pixelio/Thomas Max Müller: 110; Polaris/laif/Manuel Silvestri: 124; Gudrun Raether-Klünker: 8, 87, 108; Schapowalow/Guido Baviera: 58; Schapowalow/Franco Cogoli: 6/7; Schapowalow/Laurent Grandadam: 35; seasons.agency/Jalag/Arthur F. Selbach: 133; seasons.agency/Jalag/Lukas Spörl: 146; Shutterstock/Aleks49: 16; Shutterstock/Alessandro Cristiano: 114; Shutterstock/leoks: 150; Shutterstock/Viacheslav Lopatin: 80; Shutterstock/Bill Perry: 53; Shutterstock/Radu Razvan: 24; Shutterstock/Moreno Soppelsa: 137; Shutterstock/SvetlanaSF: 84; Shutterstock/VanderWolf Images: 134; Shutterstock/Jolanta Wojcicka: 128; Unsplash/damiano-baschiera: 62; Unsplash/Ingo Hamm: 17; Unsplash/Dmitry Sovyak: 69; Unsplash/Annie Spratt: 140; Unsplash/Susa Sinziana: 60/61; Web Gallery of Art: 92.

Liebe Leserin, lieber Leser,
wir freuen uns, dass Sie sich für diesen POLYGLOTT on tour entschieden haben.
Unsere Autorinnen und Autoren sind für Sie unterwegs und recherchieren sehr gründlich,
damit Sie mit aktuellen und zuverlässigen Informationen auf Reisen gehen können.
Dennoch lassen sich Fehler nie ganz ausschließen. Wir bitten Sie um Verständnis, dass der
Verlag dafür keine Haftung übernehmen kann.

Ihre Meinung ist uns wichtig. Bitte schreiben Sie uns:
GRÄFE UND UNZER VERLAG
Postfach 86 03 66, 81630 München, Tel. 0 89 / 419 819 41
www.polyglott.de

LESERSERVICE
polyglott@graefe-und-unzer.de
Tel. 0 800 / 72 37 33 33 (gebührenfrei in D, A, CH), Mo–Do 9–17 Uhr, Fr 9–16 Uhr

1. Auflage 2019

© 2019 GRÄFE UND UNZER VERLAG GmbH, München
Dieses Buch wurde auf chlorfrei gebleichtem Papier gedruckt.
ISBN 978-3-8464-0394-5

Bei Interesse an maßgeschneiderten B2B-Editionen:
gabriella.hoffmann@graefe-und-unzer.de

Bei Interesse an Anzeigen:
KV Kommunalverlag GmbH & Co KG
Tel. 089/928 09 60
info@kommunal-verlag.de

Verlagsredaktion: Anne-Katrin Scheiter
Autorin: Gudrun Raether-Klünker
Redaktion: Anja Lehner
Bildredaktion: Dr. Nafsika Mylona
Mini-Dolmetscher: Langenscheidt
Umschlaggestaltung & Layout:
Independent Medien Design, München
Horst Moser (Artdirection), Lucie Heselich
Karten und Pläne: Theiss Heidolph
und Kunth Verlag GmbH & Co. KG
Satz: Tim Schulz, Mainz
Herstellung: Anna Bäumner
Druck und Bindung:
Printer Trento, Italien

PEFC
PEFC/18-31-506

GRÄFE
UND
UNZER

Ein Unternehmen der
GANSKE VERLAGSGRUPPE

MINI-DOLMETSCHER ITALIENISCH

ALLGEMEINES

Guten Tag.	Buongiorno. [buondsehorno]
Hallo!	Ciao! [tschao]
Wie geht's?	Come sta? [kome sta]
Danke, gut.	Bene, grazie. [bäne grazje]
Ich heiße ...	Mi chiamo ... [mi kjamo]
Auf Wiedersehen.	Arrivederci. [arrivedertschi]
Morgen	mattina [mattina]
Nachmittag	pomeriggio [pomeridseho]
Abend	sera [ßera]
Nacht	notte [notte]
morgen	domani [domani]
heute	oggi [odsehi]
gestern	ieri [järi]
Sprechen Sie Deutsch?	Parla tedesco? [parla tedesko]
Wie bitte?	Come, prego? [kome prägo]
Ich verstehe nicht.	Non capisco. [non kapisko]
Sagen Sie es bitte nochmals.	Lo può ripetere, per favore. [lo puo ripätere per fawore]
..., bitte.	..., per favore. [per fawore]
danke	grazie [grazje]
Keine Ursache.	Prego. [prägo]
was / wer / welcher	che / chi / quale [ke / ki / kuale]
wo / wohin	dove [dowe]
wie / wie viel	come / quanto [kome / kuanto]
wann / wie lange	quando / quanto tempo [kuando / kuanto tämpo]
warum	perché [perke]
Wie heißt das?	Come si chiama? [kome ßi kjama]
Wo ist ...?	Dov'è ...? [dowä]
Können Sie mir helfen?	Mi può aiutare? [mi puo ajutare]
ja	sì [ßi]
nein	no [no]
Entschuldigen Sie.	Scusi. [skusi]
Gibt es hier eine Touristeninformation?	C'è un ufficio di turismo qui? [tschä un uffitscho di turismo kui]
Haben Sie einen Stadtplan?	Ha una pianta della città? [a una pjanta della tschitta]
Wann ist ... geöffnet?	A che ora è aperto (m.) / aperta (w.) ...? [a ke ora ä apärto / apärta]
das Museum	il museo (m.) [il museo]

SHOPPING

Wo gibt es ...?	Dove posso trovare ...? [dowe posso troware]
Wie viel kostet das?	Quanto costa? [kuanto kosta]
Wo ist eine Bank?	Dov'è una banca? [dowä una bangka]
Ich suche einen Geldautomaten.	Dove posso trovare un bancomat? [dowe posso troware un bangkomat]
Geben Sie mir 100 g Käse / zwei Kilo Pfirsiche	Mi dia un etto di formaggio / due chili di pesche. [mi dia un ätto di formadseho / due kili di päske]
Wo kann ich telefonieren / eine Telefonkarte kaufen?	Dove posso telefonare / comprare una scheda telefonica? [dowe posso telefonare / komprare una skeda telefonika]

ESSEN UND TRINKEN

Die Speisekarte, bitte.	Il menu per favore. [il menu per fawore]
Brot	pane [pane]
Kaffee	caffè / espresso [kaffä / esprässo]
Tee	tè [tä]
mit Milch / Zucker	con latte / zucchero [kon latte / zukkero]
Orangensaft	succo d'arancia [sukko darantscha]
Mehr Kaffee, bitte.	Un altro caffè, per favore. [un altro kaffä per fawore]
Suppe	minestra [minästra]
Nudeln	pasta [pasta]
Fisch / Meeresfrüchte	pesce / frutti di mare [pesche / frutti di mare]
Fleisch	carne [karne]
Geflügel	pollame [pollame]
Beilage	contorno [kontorno]
vegetarische Gerichte	piatti vegetariani [pjatti wedsehetarjani]
Ei	uovo [uovo]
Salat	insalata [inßalata]
Dessert	dolci [doltschi]
Obst	frutta [frutta]
Eis	gelato [dsehelato]
Wein	vino [wino]
Bier	birra [birra]
Wasser	acqua [akua]
Mineralwasser	acqua minerale [akua minerale]
mit / ohne Kohlensäure	gassata / naturale [gassata / naturale]
Ich möchte bezahlen.	Il conto, per favore. [il konto per fawore]

MEINE ENTDECKUNGEN

....

....

....

....

....

....

....

....

....

....

....

....

....

....

....

....

....

....

Teilen Sie Ihre Entdeckungen auf facebook.com/Polyglottreisewelt.

CHECKLISTE VENEDIG

Nur da gewesen oder schon entdeckt?

☐ **MAGIE DER MORGENSTUNDE**
Menschenleer und und nur von einem verblassenden Mond bewacht, entfaltet die Piazza San Marco zur blauen Stunde ihr ganzes Potenzial zur großen architektonischen Geste. › S. 15

☐ **GERAUBTE SCHÄTZE**
Das Museo Marciano stellt die berühmten antiken Bronzepferde aus, die die Venezianer zusammen mit anderen Kostbarkeiten beim Vierten Kreuzzug in Konstantinopel erbeuteten. › S. 77

☐ **PADDELN IN DER LAGUNE**
Venedig liegt inmitten einer amphibischen Wasserwelt, in der die Gezeiten den Rhythmus vorgeben. Bei geführten Kajaktouren lässt sie sich auf Augenhöhe entdecken. › S. 12

☐ **EINKAUF DIREKT VOM SCHIFF**
Beim an der »Brücke der Faustkämpfer« verankerten Gemüse-boot kann man sich mit frischem Obst und Gemüse von der Insel Sant'Erasmo eindecken. › S. 136

☐ **GEHEIMNISSE DER STAATSMACHT**
Auf den Spuren des eingekerkerten Casanova wandelt man bei »Itinerari Segreti« genannten Führungen durch die Hinterzim-mer des Dogenpalastes. › S. 12

☐ **AUF EINEN BELLINI IN HARRY'S BAR**
Der dezent rosafarbene Cocktail-Klassiker aus Prosecco und Pfirsichmark schmeckt vielen dort am besten, wo er 1938 erfunden wurde. › S. 14

☐ **OPERNABEND IM GRAN TEATRO LA FENICE**
Wo 1851 »Rigoletto« und 1853 »La Traviata« uraufgeführt wurden, schwelgt man auch heute wieder in opulenten Verdi-Klängen. › S. 84

💬 **MITBRINGSEL**

- **Espresso für Kenner:** nach venezianischem Verfahren ge-rösteter Caffè del Doge › S. 14
- **Merkhilfe mit Stil:** Notizbuch aus marmoriertem Papier von Il Prato › S. 17